大展好書　好書大展
品嘗好書　冠群可期

大展好書　好書大展
品嘗好書·　冠群可期

武術特輯
19

太極拳
健身與技擊

王培生/著

大展出版社有限公司
印行

自　序

　　太極拳乃國之瑰寶，在中華武術寶庫中，這件珍寶，向來以奇妙難求而吸引著廣大的武術愛好者。

　　俗話說：「十年太極不出門」。這句話也是說明了太極拳的難度。究竟是難？是易？筆者正是想在這本書中與讀者來共同探討這個問題。這本書共分三部分，即拳套之拆招和推手之訣竅以及強體健魄、修真養性之奧秘。前兩部分內容也就是平常所說的知己之功和知彼之功。前者較容易實踐，後者確有一定難度。這不僅在實踐上難以掌握，就是在認識上、習慣上、理論上都存在著許多急待探討的問題。

　　諸如什麼是太極拳？太極拳是否只能保健不能防身？一句話，前人對太極拳的論述是否正確，這是當前太極拳運動中面臨要解決的問題之一。最後在健身長壽部分中著重指出了，無論是由物質上或精神上傳導信息對自身侵襲或干擾等不良因素而致病，均應以意念針對病情加以適當的控制而獲得滿意的效應。由此可見，打太極拳在保健上確有顯著的效果。

　　筆者自幼熱愛太極拳，在近六十年的實踐中，有幸得到各位老前輩的真心傳授，累積了不少體會和經驗，願在有生之年把它貢獻出來與讀者共勉。本書既繼承了傳統的精華，又結合了五十多年的實踐，前者為根本，後者為探討，是否確切，誠望讀者指正。

王培生

於北京

李　序

宇宙洪荒、天地冥杳。元陽上布、動靜離合立象，萬物遂生，此乃「道生一、一生二、二生三、三生萬物」也。人生於世，寒暑燥濕，失於調理，陰差陽錯，而病魔纏身，形槁體弱。三豐祖師修道武當，取敦頤太極之深蘊，用河洛演變之至理，揣周易消長之哲訓，純任自然而作太極拳。太極拳集導引、經絡、陰陽學說於一體，有健身、祛病和技擊之妙用，因而廣泛流傳，延至今天。

世人演練太極，而得太極的真諦者，可謂鳳毛麟角。豈不聞內家拳術「精微所在，亦深自秘惜，掩關自理，學子皆不得見」。不少有志上進之後學，臨太極之門徑，望洋興嘆。

《太極拳健身與技擊》一書，今披露於世，可謂為芸芸學子帶來了福音。

此書對太極的健身和技擊，深入淺出，言之至微。在各家太極拳中，吳氏太極拳架子小巧，而又小中寓大，動作柔和輕鬆自如，連綿不斷，如清風拂柳，似流水行雲。盤架時，大腦皮層處於抑制狀態，腦神經細胞在此時由於腦血液循環的改善，新陳代謝增強，消除疲勞而練功者頭腦清醒，思維敏捷，故有人稱「太極拳是一項高質量的休息運動」。

太極拳的呼吸運動可促進肺臟的生理機制而改善血液循環，通過意念、虛實的變化，使人的經絡通暢。而經絡是控制整個生命活動的主要系統。吳氏太極拳經過了幾十年的實踐檢驗，對糖尿病、支氣管炎、高血壓、

慢性腸胃病、心臟病、神經衰弱症等有良好的治療和預防效果。在防身方面，由於每個動作純任自然、渾身鬆靜，以心行意，以意導氣，以氣運身；所謂「行氣如九曲珠、無微不至」。

　　純熟之後，由雙人推手而訓練出全身極為敏銳的神經觸覺，窺探和偵聽對方的虛實和重心變化，在對方出擊之時，巧妙地借彼之力而破壞其平衡，對方稍微一動，我則知其意圖，作出敏銳的反應，「彼未動，己先動」、「意在彼先」、「後發先至」。數年純功，由聽勁而漸懂勁，由懂勁而漸及神門，至隨心所欲，功至此時，「四兩撥千斤」之絕技成矣。

　　王培生先生，是我國著名的武術家。從十二歲起，修習武學，先後拜張玉蓮、馬貴為師，學習彈腿、形意、八卦。十三歲入吳氏太極門，拜楊禹廷為師，並蒙王茂齋師祖鍾愛，經常給予指點太極內功及絕技，得天獨厚，盡得太極之真諦。五十多年如一日，披肝瀝膽，苦心茲意，對拳理和功夫都有很深的造詣。一九八一年與日本少林拳法聯盟訪華團交流技藝，令日本拳師躬身欽佩，因而先生被日本《阿羅漢》雜誌尊為中國十大武術家之一，揚譽海內外。

　　先生著的《吳氏太極拳》（英文版）暢銷歐美，流傳很廣；著《三才門乾坤戊己功》一書，被譽為一代武學宗師。先生在功夫和理論研究方面的造詣，在國內外武界享有很高的威望。

　　我追隨先生已三十餘年，深知先生高深的武學修養，德高望重及和藹可親的品質。在中華武術走向世界的今

天，先生在百忙之中，不吝金玉，把太極拳的真諦奉獻
於世，實乃為中華武術的昌盛寄以殷切的期望。

王培生老師的學生　**李和生**

目　錄

第一章　太極拳原理

縱觀宇宙空間，從宏觀天地到微觀世界，都有渾然太極之理。古人云：「太極者，無極而生，陰陽之母也」。

如果我們細心觀察仔細揣摩，形形色色的物質世界，無一不處於陰陽動靜的運動中，因此，用陰陽哲理來剖析某一特定事物的始終，就一定會抓到事物的本質。同樣，用陰陽哲理來指導實踐，也一定會理為吾用，事成圓滿。

目前流傳於世的太極拳派式很多，有關太極拳的理論論述也不少，但是萬變不離其宗，集諸家百說於一理，我想是否可用以下幾句話來概括，即「頭頂太極、懷抱八卦、腳踩五行」，應該是太極拳的盧山真面目。

俗話說：「天下把式是一家」。就理論上講，任何拳術講究動靜分明，剛柔相濟，虛實顯隱，不離陰陽，變化循八卦，運步軌五行。這豈不是武術運動的普遍規律。為此，本節從武術正宗上來探討太極拳的理論問題。以科學觀點進行研究。

一、太極拳的哲理

太極哲理在我國哲學發展史上占重要部分，是我國文化寶庫中的燦爛明珠。

為了練好太極拳，我們就太極哲理進行探討。因為前人闡述的還不系統，我們就以它為基線來進行研究。

太極哲理包括兩個方面：一個為太極之象，示之於

圖：☯另一個為太極圖說，用文字闡述為：「太極者，無極而生，動靜之幾，陰陽之母也。動之則分，靜之則合」。分析、解釋如下：

太極——互相對立著的兩個方面，即陰與陽，如圖象之雙魚圖形。

無極——統一體，指事物或過程和圖象之圓形。

動靜——世界恆動，動者動之動，靜者動之靜，動是絕對的運動，表現為顯著地變動狀態；靜是相對的運動，表現為相對的靜止狀態。

幾——動而未形，有無之間叫幾，即*趨勢、趨向、苗頭、動向、朕兆、因素、可能*。

動靜之幾——陰陽動靜，互相轉化的*趨向、趨勢*轉化到與之對立的方向去。

分——不平衡、舒展、張大。

合——平衡、收束、縮小。

其義理連繫起來說，就是統一體（無極）分成對立的兩個方面（陰陽太極：即太極——陰陽，陰陽——太極，太極者陰陽之母），這就是太極者，無極而生，無極而太極的意思，換句話說，互相對立的雙方因一定的條件共處於一個統一體中（太極本無極也），一定的條件說的是互為存在的條件，無獨有偶成對存在，互生互滅、世界恆動，因此，對立的雙方（陰陽）始終存在著互相轉化運動趨向（動靜之幾）。

運動有兩種狀態即相對的靜止（靜）和顯著的變動（動）。由於對立雙方互相鬥爭而產生動靜之間的互相轉化，在相對靜止時，對立雙方表現為平衡狀態。事物發

生性質變化（動之則分）由平衡（合）轉化為不平衡（分），事物由量變到質變過程完畢，問題得到解決，即「以靜制動」之義。舊陰陽對立關係消滅，舊過程結束，產生新的陰陽關係，新過程開始走向新的發展道路，這就是我們經常說的「新陳代謝」作用。

（一）、**兩儀**：陰陽是相互對立的雙方的總稱，根據事物的具體情況而有不同的內容和特定名稱，如有無、虛實、剛柔、上下、前後、左右、順背、表裡、進退、攻守、形意………等等。若以一方為陽則他方為陰，反之亦然。為了說理清楚，一般順序是上為陽、下為陰，剛為陽，柔為陰。

（二）、**多體**：在複雜的事物中，同時存在著許多個陰陽對立體，但有主客之分，其中惟有一個是主體，其他則屬於客體，主體變化影響著其他客體的變化。

（三）、**整體**：在同一個陰陽體中，亦有主客之分。主體決定著事物的性質。

（四）、**中極**：陰陽互動相交之微稱為中極，中極之玄，亦陰亦陽，非陰非陽，所謂鏃矢之疾有不行不止之時，中極之妙，曲可成直，直可成曲；圓可成方，方可成圓。

練太極拳要始終用太極哲理做為指導，因地制宜地隨著變化而變化（「因敵變化示神奇」）不要違背這個規律，這就是「無過不及、隨曲就伸」之義。否則「差之毫釐，謬之千里」，枉費功夫。

實際上太極哲理就是辨證法，就是事物矛盾的對立統一和轉化規律，事物發展的法則，故曰一陰一陽。因

此，太極哲理說明太極拳的拳經、拳論、行功心解，總
勢歌等確是閃爍著唯物辨證法光輝，它有邏輯性和豐富
的實踐經驗，應細心地領會和體驗。

太極拳是對人精神和體質進行鍛鍊的方法。因此，
首先對人身運用太極哲理進行分析，其次研究與外界的
聯繫，從分析事物的陰陽關係找出鍛鍊的方法，達到身
心兼修的目的。

二、太極拳的實用價值

我們認識事物，就是認識事物的運動規律，而事物
的運動必取一定的形式，練太極拳也是如此，它借助一
套拳路或刀、劍、杆（槍）以外，還有獨具風格的推手
法，供兩人或多人互換地進行鍛鍊，太極杆（又稱黏杆）
也是兩人一起來練習的。

太極拳的宗旨是通過鍛鍊改變人的自然運動素質，
人身（包括思想和體質）本來就是一個能夠自己運動的
統一（有機）體。人自出生以後，就具備一定的獨立運
動的條件。隨著生活的前進，在自然環境的制約下（包
括思想和體質）培養出的本領，這就是人的本能。

這種本能只是被動的對於自然環境的適應，在思想
上的表現，是隨著自然環境的變化而變化，並且反應出
極大的惰性。在體質上的表現，具有一定的運動速度和
力量，但反應出極大的笨重性，對於來自外界的侵襲，
思想是緊張的，排除的方法是以體力和速度進行直接對
抗或逃避。為了有效的排除各種侵襲，用「強化本能」
的方法來解決，即增強體力，加快速度，並在這種基礎

上變換運用方式。它的運動特點是用視覺接收外界攻擊的信號，反應給大腦，由大腦做出判斷，發出指揮信號，使肢體形成見力加力或見速加速的運動形式，表現為間接反覆進行。主動地攻擊或被動地對抗，其效果就是「有力打無力、手慢讓手快」，太極拳稱這種直接以體力和速度來排除外來侵襲的能力為「先天自然之能」。這種信息反應指揮系統，稱為第一信息指揮系統。

太極拳採取另一條線路來進行鍛鍊，它不但不有意地強化人的本能，而且還要對人固有的本能加以改造。太極拳不否認力和速度的效能，而力和速度的運用方式方法是辨證的統一。在速度上太極拳的實質是快，但不是絕對的求快，而是求速度快慢的辨證統一。對於力量也是如此，不否認用力，但不是追求絕對的力大，而是求力量大小的統一，從前人的經驗和我們的親身感受，從理論到實踐都是合乎辨證法的。太極拳通過一定形式的鍛鍊，把人的信息反應到指揮系統，由第一信息指揮系統改變為第二信息指揮系統。

第一信息指揮系統有很多缺點，用視覺得來的信號，與攻擊的對方沒有直接接觸，只是表面現象，很多是假象，不是實質，根據假象和表面現象做出的判斷往往是錯誤的，一意地加力、加速會造成嚴重的消耗。「過力傷血，過速傷氣」，氣血兩傷，人將致病，特別是對體弱患者，從健身和卻病都是不相宜的。這種消耗是無益的；主動攻擊易中圈套，被動反抗經常失利，間斷進行留有可乘之際，根據這種具體的辨證分析得出來的結論是，太極拳並不否認第一信息指揮系統某些時候的有效，而

發現它有嚴重的缺點，習慣勢力尤為嚴重，就是開始練太極拳或有相當水平也難擺脫第一信息指揮系統的影響。因此，太極拳的鍛鍊路線是將人的運動方式從第一信息指揮系統，轉化成第二信息指揮系統，形成新的條件反射，養成新的習慣。這種轉化過程的速度和效果需要有下列條件。「入門引路須口授、功夫無息法自修」。要自己鑽研總結。

第二信息指揮系統，對於外來的信號，不但用視覺來觀察，而且用身的觸覺來體驗，因為觸覺的體驗更能反應出事物的本質，可以觸到對方意念的真實性。太極拳把觸覺的鍛鍊放在主要，把視覺的鍛鍊放在次要，但次要並不是不重要，因為它是陰陽的一個方面，沒有次要就無主要，沒陰就沒陽。

太極拳練到高深程度可以只憑感覺不用視覺來解決技擊問題。用感覺反應情況，在日常生活中是很多的反應信號，不僅被動的接收，而是主動有意的偵察。信號反應到大腦後，要做出力量大小、接觸點、方向、速度、「勁」的表現性質，意念的真假虛實變換等等判斷而後發出指揮信號，使身體做出這樣的運動形式，即根據拳論所講的：「彼不動，己不動，彼微動，己先動；勁似鬆非鬆，將展未展；動急則急應，動緩則緩隨，雖變化萬端，而理為之一貫」的道理，並以「粘黏連隨不丟頂」的法則再加以「粘走化借」之勁，引進落空而後拿之、發之，皆是見機所施。各種「勁」的運用過程，連綿不斷直到將外界的干擾排除為止。表現上則內固精神，外示安逸，忽隱忽現、輕靈活潑，應敵變化，這就是第二

信息指揮系統的特點，養成新的習慣，形成新的條件反射。不但盤拳、推手時如此，在平日生活中，必然亦會體現出這種新的運動素質。

人所具有的本能是有限的，但是人的認識能力是無限的，在一定的條件下，精神可以變成物質力量。因此，太極拳把精神和思想的鍛鍊放在重要的地位。通過經常的、隨時隨地的思想（有意識）的指導，來鍛鍊外界環境對自身信息傳導反饋情況（生物回授）之靈敏性。

這樣，身體必然會得到有效的增強，使肢體的運動，聽從思想的指揮，精神思想的意圖要通過這肢體的運動來體現。太極拳要使有限體力合理的運用、注重效率，即能夠牽動四兩撥千斤。

人體的各個系統的運動，都是由中樞神經支配和調解的，只有在特殊的條件下才由大腦先做出思維判斷，再通過中樞神經來支配和調解人體各系統的運動。太極拳鍛鍊則要求人體的每一部位的微小動作，以及整體運動，都要通過思維有意識的進行，並且有明顯的感覺。反之，不用意則無感覺。因此，練太極拳全憑「心意功夫」。

為了達到上述要求和目的，主要是通過練拳套（俗稱盤架子），按照「用意不用力」的要求進行演練，並以意念檢查全身肌肉群覺有緊張度之部位使之放鬆；對於全身骨骼尤其是活關節，使之節節貫穿起來增強骨膜關係。又像蜈蚣身子一樣，一動無有不動，一靜無有不靜。從而，可使身體的大腿或小腿等部位產生脹熱，而手心、腳心有蠕動等明顯感覺。結合虛實互相轉變即兩腿輪換

著運動，輪換著休息，可使身體得到平均發展。通過如此輕靈、活潑和自然的運動，在外觀表現為慢、緩、勻、鬆、靜的形象。若按此運動規律演練日久，可以改變人的性格、形體，原來性情暴躁者能轉為和藹可親之人；原來體態臃腫者可轉變成一位豐腴合度四稱的人；原是一位身體瘦弱、肢體難支、弱不禁風，既可轉弱為強，又可轉變成一位體形勻稱而英俊的人。

綜上所述，太極拳不僅是武術運動項目之一，它屬於多邊緣性科學，更有藝術性，不受年齡、性別和體質強弱限制，故深為廣大人民所喜愛。

太極拳以道家的太極哲理為練拳指導思想，使武術日益發展，如能普及，全國人民或世界各國人民都有好處，可以造福全人類。

三、太極保健延年法

所謂保健延年，即健康長壽，這也是人們迫切追求的一件事。大家都會知道，通過武術與氣功的鍛鍊，可培育真氣，平衡陰陽，疏通經絡，調合氣血。從而，扶正驅邪，增強人體對疾病的抵抗力和免疫力。由此可見，氣功和武術，是一門科學，是陰陽變化之理，涉及到免疫學、生理學和物理學、心理學等科學理論。因此稱它是「多邊緣性科學」。正如西哲說的一句話：「物競天擇，適者生存」。健身最關鍵之問題即在於此。

若能武、醫結合，則對身心健康受益之大，實不可限量。所謂武、醫結合，是以武術中所講的「六合、八法、陰陽變化、五行生剋」之理，並結合中醫的「六經、

八脈奇經、經外奇穴、陰陽、五行相互制約，順逆升降」之理法，對人之身心進行動靜相兼地運轉，但皆要以意念指揮其進退。尤其太極拳運動，它要求「以心行意、以意導氣、以氣運身」。這就是說，太極拳的一舉手或一動足都是預先通過大腦的思維後才形成的。正因如此使大腦通過活動形式而得到真正的休息。大腦休息的越好，則工作的越好！同時大腦得到很好的鍛鍊。

我們的腦子是越用越聰明，因為人的大腦貯藏的潛力是挖掘不完的。所以打太極拳「用意不用力」也可以說是對人的大腦（腦電波網絡系統）是一個很好的訓練手段，對於提高人的智慧也是有益的。

武術與氣功和醫學三結合相互促進，對身心鍛鍊所起的作用，分三方面述之如下：

（一）健身

欲要身體健康，平時應注意起居、飲食的規律性，除了加強營養外，還應堅持體育活動。按練太極拳之要求，則應根據人的自然結構自然進行鍛鍊。我們知道，「欲要健身先健心（指大腦）」，因為人的一切行為都是通過大腦來指揮，所以說，人之根本，是以精氣神為主。人身有三寶，就是精氣神，人的精氣神旺盛，則如天行健，方可永保青春。在平時應重視自身中之「內景」和「外象」之變化正常與否。因人身中之氣血保持平衡最為主要，氣血平衡，即無病；氣血失調，即產生疾病，這是定理。造成氣血失調之原因則不外乎「七情六慾」所干擾，欲摒干擾，應運用人身上的「七星」與陰陽變化、五行生剋之理法，方可保平安。

所謂七星，有動靜兩法要分開。練靜功（指眼、耳、口、鼻七竅）；練動功（指頭、肩、肘、手、胯、膝、足）。陰陽（指內景即五臟六腑）；外象（即四肢百骸）。換句話說，即人身中真氣運行全憑感覺——無形的。還有五行相生，「土、金、水、木、火」；五行相剋，「金、木、土、水、火」。此五行對應人體內五臟即肺金、肝木、脾土、腎水、心火。在人體內部通過心、肝、脾、肺、腎等五臟相互制約，互相調節，使氣血平衡適應，促進體內各部機能增強抵抗力，方能健全體魄避生疾病。以上屬內景變化的一部分。外象變化以動功為主，即四肢百骸全身之活關節收縮與舒張，同時與全身的大塊肌肉和肌肉群等所起的反撥作用，而影響所有的橫紋肌與平滑肌活動，則心臟得安。

所謂活關節是指：「頭」，實際鍛鍊頸椎七節運轉靈活性，同時也增強頸部神經根和神經叢的反應率；「肩」，實際鍛鍊是肩胛與肱骨頭之間的骨膜與肌腱之韌性，可防止肩周炎病產生；「肘」，是鍛鍊橈、尺和肱骨骨頭運轉之靈活性；「手」，是鍛鍊腕部的八塊骨頭之靈活性；「胯」，是鍛鍊臗關節即大轉子的靈活性，胯還要求「襠開一線」，這對軀幹運轉可增強穩定性；「膝」，是鍛鍊股、脛、腓和臏骨等骨膜關係加強；「足」，是鍛鍊腳腕關節靈活性，並使各種步法變換敏捷穩鍵之功能。

如果按照「外象七星」認真地鍛鍊，可使全身氣血暢通，增強骨膜關係，改變石灰質與膠質的不平衡狀態，或患有骨質增生和關節炎等症者，在不知不覺中痊癒，確能起到治療的作用。

　　體內交感神經屬陽，迷走神經則屬陰，陰陽平衡就能保持心臟搏動頻率恆定。人之呼吸聽從髓髓中樞神經，即交感神經司呼氣，副交感神經司吸氣、所以太極拳要求「用意不用力」並且著重理氣。氣功採用「調息、胎息、踵息」等三種方式方法來「修真養性」。中醫說：「陰平陽秘，精神乃治」這說明陰陽調和即陰陽平衡就能維持正常的生理狀態，機體就處於健康狀態。

　　太極拳是一種很有趣味的運動，練拳時周身感覺舒服，練推手的時候，周身感覺活潑，精神煥發。這些都是練者，高度的情緒性與濃厚興趣的證明。情緒提高可以使各種生理機能活躍起來，許多試驗都證明做一種運動時在未用體力之前，僅僅是精神的影響，就可以使血液的化學作用、血液的動力過程、氣體的代謝發生改變。提高情緒，對病人來講更為重要，它不僅可以活躍各種生理機能，同時能使病人脫離病態心理。

　　俗語說：全身氣血暢通，百病不生；腎氣充足，百病消除。誠望讀者與太極拳、氣功成為畢生之友。

　　練拳要得法，明理，避免走彎路。武學理論與中醫學的「陰陽學說」，八卦、五行生剋變化之理是一致的。若以現代科學理論來分析太極拳更為恰當，特別是「三論」（系統、信息、控制論）。

　　人體正是一個自然本質複雜的有機系統，它是由大腦、心臟等各種器官以及皮膚、肌肉、骨骼、神經、血管等各部分組成的。在其內部還存在體溫調節系統，血壓調節系統等若干調節系統。因人居大氣層之中與自然環境之關係頗為密切，四季氣候之變化都影響體溫，通

過氣流信息傳遞作用，則以增減服裝加以控制，使體溫保持正常。這是有形控制的有效措施。

另外，可用武術與氣功自動控制，使身體產熱和散熱仍保持原來的平衡，就是陰陽平衡，也是使體溫保持恆定的有效措施。其產熱和散熱的調節的方式方法極簡單，可以用四句話，說明如下：

「葫蘆巧來葫蘆巧，兩個葫蘆來回抱；三環套月產熱能，四稍散熱哈哈笑」。這幾句話的涵意是指人身中的穴道，蘊藏有無窮之奧妙！如眉心上一寸處名印堂，此穴道屬乾陽，最能抵寒，不怕冷空氣吹凍；反之，神闕即肚臍為脾土屬坤陰，喜溫而懼涼最怕寒風侵入。

葫蘆來回抱，即指乾陽與坤陰相交能產熱能，實際上係以心（神）與臍（氣）相交，而氣與神相抱則產熱效應。所謂「三環套月」係指拇指（少商穴）與拇指相接；食指（商陽穴）與食指相接形成一圓圈套在肚臍上；中指（中衝穴）與中指相接再與拇指結合成第二環再加上肚臍本身之圓圈故稱三環。並以乾坤和合而產熱。四稍能散熱係指兩手兩足，以意想兩手在撥弄著最涼的水；兩足同時也在水裡邊走動，並且張口哈哈大笑！運用此法，對身體發燒而退燒快有顯著之效果。

在日常生活中發現的健身法，如每天晒太陽，吸收陽光紫外線，等於日光浴。兩掌心相對揉搓、摩擦產熱。夏季身著白色，可以反光隔熱；冬天穿深青藍色衣服，可以吸熱保溫。從這些實際情況裡面得出陰陽相繫密切之關係，即陰不離陽，陽不離陰。

同性相斥，異性相吸，陰陽相濟之時，則產生出一

種能量無可匹敵！有如天空中霹靂之凶猛，火力大無邊而有化萬物之能。此暗示人身中肚臍兩側的「天樞穴」得天之氣為陽電；得地之氣則為陰磁，陽電與陰磁之結合而形成電磁場。看來人體是一個生物系統，在這個系統中一方面靠信息傳遞來維持該系統之陰陽平衡。另外也可人為的加以外部控制（比如用適當的小功法）來調劑系統已失去的非平衡狀態。

人體場時刻不停地與周圍環境場發生關係，進行信息交換，如人與人，人與動物、植物（樹木花草），與天地宇宙進行信息交換。這種交換是本能的、自然的。不受大腦中樞神經支配，不受條件限制，這種交換有強有弱，有遠有近，有吸收，有排除。使人適應大自然與周圍環境的變化。這就是所謂益壽延年。

還有調場方法就是幫助人有意識、有選擇性地促進和增強人的信息交換本能。使人的身體保持健康狀態。增強這種本能的理論根據就是氣功理論。因為穴位在人體上是一個小的發光點，它們又是一個小的信息傳遞站。凡是病灶反應穴還未發現它向外大量散發信息，要比非病灶穴位強好幾倍。我們以意想像某一穴位同時就已帶上信息，和患者的信息進行互相交換與調整，即調整患者病區的紊亂信息場，促使患區的場排列有序化、規範化、加速生理和病理變化，使疾病好轉或痊癒。對於防病治病，除了練太極拳的某一姿式外，還可以意念配合動作施行治療，其效率有的可以說是「立竿見影」。茲舉例說明如下：

例如，常見的「便秘」症，好多天不能大便，或大

便費力、形成羊糞球者，只要按照我說的方式方法，演練二十分鐘後，你馬上就會去廁所的，一試便知，的確，有效！方法極簡單，一說就會。

主治便秘之法：以意想「神門」穴（手腕橫紋靠近尺骨內側）。同時兩手虎口張開，使兩臂外旋。轉至極點稍停，然後放鬆還原，繼之，兩臂再行外旋至極點，稍停放鬆還原再旋，如此反覆不停地運動，直至二十分鐘左右去廁所時止。

主治泄肚或五更泄之法：此法與便秘相反，是以意想「陽池」穴（手背順中指直至腕部橫紋處），兩手虎口張開，使兩臂內旋至極點，感覺肛門括約肌有收縮力時，兩臂放鬆還原。隨之，依此法反覆演練不停，直至二十分鐘左右，腹泄覺得能止住時止。

演練太極拳中，「攬雀尾」這個式子的第五動和第六動，能治癒糖尿病、腸胃病。

「摟膝拗步」，能治關節炎。

「倒攆猴」，能治腎炎。

「提手上式」可調理脾胃。

「白鶴亮翅」，可去三焦火對眼疾有幫助。

以上只是順便提一些簡單易行的，至於防病治病效果比較顯著的，已經總結出來的約有二百多個所謂小功法，準備出版單行本。所以在此不宜多占篇幅。最後再說一句，要經常注意「梁門」穴（此穴在中脘兩側），使保持有「鬆、空之感」。

前人說：「梁門」可以治各種癌症。它為什麼能治癌症？我們先打一個比喻來說明這個問題。把一個人的身

體喻為一間房屋。練氣功稱人體為「黑箱」精氣神合一，才稱為人。一個房子的主要結構，就是房樑和柱子，其餘都是次要了。

　　所以人身上的脊椎就等於房屋的柱子，梁門即等於屋子的房樑。如果房子的橫樑和立柱一壞，整個房屋就會坍塌了，人死去的道理也是如此，所以注意梁門不損壞、脊椎不彎屈，身子無病患方能健康長壽。

　　另外介紹若干病例於後。

（二）防身

　　是防止外來侵襲，即防範外界對自身一切干擾、襲擊，就必須有一套降服各種侵襲，避免自身之損傷。雖然說水火無情，但是水來可以用土擋；火來自可以水迎，此即五行生剋制化之法則。防身亦有內外之分，若用現代結構科學理論分析，那麼，對內可稱「耗散結構」。人有七情六慾的干擾、有害於身心健康。

　　所謂七情：即「喜、怒、憂、思、悲、恐、驚」內七情。七情皆以心為主，喜心、怒肝、憂脾、悲肺、恐腎、驚膽、思小腸、怕膀胱、愁胃、慮大腸。七情是屬於精神上的致病因素。

　　六慾：即「眼、耳、鼻、舌、身、意」為有形。還有六淫：即「風、寒、暑、燥、濕、火」這是屬於物理致病因素。在控制理論中，改善自動控制系統的方法叫校正。校正之法應以六經、六合、八法來解決機體抗干擾能力與干擾的抗衡有效方法。

　　所謂「六經」是指手三陰經：「手太陰肺經，肺、喉病是其主治之症。手厥陰心包經，主治心、胃、胸部等

病。手少陰心經，主治心病，神志病」。足三陰經：「足
太陰脾經，主治脾胃病。足厥陰肝經，主治肝病、前陰
病。足少陰腎經，主治腎、肺、咽喉等病。三經均治經
帶病，泌尿系病。此為六陰經。」

　　手三陽經：「手陽明大腸經，主治前頭、鼻、口齒病。
手少陽三焦經，主治側頭、脇肋病、耳病。手太陽小腸
經，主治後頭、肩胛病、神志病、耳病。三經均治眼病、
咽喉、發熱病。」足三陽經：「足陽明胃經，主治前頭、
口、齒、咽喉病、胃腸病。足少陽膽經，主治側頭、耳
病、脇肋病、眼病。足太陽膀胱經，主治後頭、背腰病
（背俞主治臟腑病）、眼病。三經均治神志病、發熱病。」
此為六陽經與六陰經合之為陰陽十二經，分之為手三陰
手三陽，足三陽足三陰，再加上督任二脈則稱十四經。

　　所謂經絡，是人體氣血往來循行的路徑，是全身各
部的聯絡網，內連五臟六腑，外通關節皮毛，使肌表和
內臟直接發生關係，將臟腑和肢體連成一個有機的整體，
經絡是經與絡的總稱。包括十二經脈、十二經別、十二
經筋、奇經八脈。絡包含有十五絡脈、別絡和孫絡。

　　十二經脈與十二臟腑直接有聯繫，故稱為正經，其
他經脈為奇經。十二經脈是經絡的主要部分。

　　十二經別為十二脈的支別，循行於身體的深部，由
四肢走入內臟，復出頭頸。它是隨著陰經與陽經出入離
合互相表裡而中途聯繫的通路。六陽經別行後，仍能還
合到本經；六陰經別行後，不再返回本經，而和其他表
裡配偶的陽經相合。

　　十二經筋：是十二經別以外的另一循行系統，不入

臟腑，起於四肢末端，行於關節部分，上至頸項頭面，並貫串各部筋肉之間。而筋有剛柔之分，兩者之間又有相互維繫的作用。

奇經八脈：這八條經脈，不直接與臟腑聯繫，且無表裡關系，為了與十二正經相區別，故稱為奇經八脈。奇經八脈的任、督二脈，直行於人體的前後正中線上，其他六脈，則附屬於十二經脈之間。

絡脈：直行於分肉之間者為絡，十五絡脈是人體較大的主要絡脈，它是從經脈別出，故又稱為別絡。十五絡脈別行的起點，皆由本經的輸穴而別行，和另一配偶經脈聯絡起來，所以十四經除脾經外，各有一絡，唯脾經獨有兩絡，以脾為主胃行其津液，灌溉於五臟和四旁，從大絡而布於周身，因此有兩絡。

經絡以十二脈為主，奇經八脈是十二經脈的統率，並起著一定的調節作用，十五別絡作為正經傳注的紐帶，三者之間相互結合聯貫構成整體循環。其交接情況可概括為手三陰從胸走手交手三陽；手三陽從手走頭交足三陽；足三陽從頭走足交足三陰；足三陰從足走胸交手三陰。原絡兩穴的應用於調整內臟功能強。

十二原穴：手三陰經對應太淵、神門、大陵。足三陰經對應太白、太谿、太衝。手三陽經對應腕骨、陽池、合谷。足三陽對應京骨、丘墟、衝陽。

十五絡穴：列缺、通里、內關。公孫、大鍾、蠡構。支正、外關、偏歷。飛陽、光明、豐隆。長強、鳩尾（督任別絡）、大包（脾大絡）。

俞、募穴的應用於五臟有病，應取背部俞穴；六腑

有病，應取胸腹部募穴。

俞穴：足太陽經，肝、心、厥陰俞（心包）、脾、肺、腎、大腸、小腸、三焦、膽、胃、膀胱等俞穴。

募穴：期門（足厥陰經）、巨闕（任脈）、膻中（任脈）、章門（足厥陰經）、中府（手太陰經）、京門（足少陽經）天樞（足陽明經）、關元、石門（任脈）、日月（足少陽經）中脘、中極（任脈）。

八會穴、郄穴的應用。八會穴：是指五臟、六腑、氣、血、脈、筋、骨、髓等八個聚會穴。臟會章門、腑會中脘、氣會膻中、血會膈俞、筋會陽陵泉、脈會太淵、髓會大杼、骨會絕骨（懸鍾）。

郄穴：十二經脈各有一個郄穴。奇經的陰維、陽維、陰蹻、陽蹻四脈也各有一個郄穴，總稱「十六郄穴」。郄穴主治特點，對本經循行部位與所屬內臟的急性病痛，治療效果較好。如肺病咳血，可取孔最；心胸疼痛，可取郄門等。

十六郄穴：手經：「孔最、陰郄、郄門、溫留、養老、會宗。足經：「地機、水泉、中都、梁丘、金門、外丘。奇經：陽維之陽交、陰維交築賓、陽蹻之跗陽、陰蹻之交信。

八脈交會的應用主治範圍

沖、公孫；陰維、內關。胸、心、胃。

帶、臨泣；陽維、外關。目外眦、耳後、肩、頸、頰。

督後谿；陰蹻、申脈。目內眦，頸、項、耳、肩。

任、陽蹻；列缺、照海。肺系、喉嚨、胸膈。

八脈交會穴是根據奇經八脈之交會而運用的。如胸腹脹滿、上腹痛、食慾減退等，可取內關與公孫穴。又如咽痛、胸滿咳嗽，可取列缺穴與照海穴。

以上係武、醫結合的密切關係，用來作為自身防病、治病有效措施。如身中臟腑發生病變，即可以意念調動十二經絡、奇經八脈互相關係，運用五行生剋制化手段進行調節，而達到防病、治病之目的。例如：大腸熱勝會產生肛門病，內外痔等症。

對此症可採用手太陰肺經的「孔最穴」（位居小臂內中間），只用食、中、無名三指經常揉搓此穴。同時開口微帶笑容，用不了三、五天即可痊癒。此理是肺與大腸相表裡，此二經關係較密切。

又如肝區有病（肝屬木），對此症可增強肺（肺屬金剋木）的肺活量即呼吸氣深長，因為「氣以直養而無害，勁以屈蓄而有餘」，所以注意「氣若長虹」而舒肝。同時加強（腎屬水而生木）功能的鍛鍊，即用兩手握拳以拳背搓腰部兩腎八十一次，每天早晚各一遍。如此注意呼吸深長和搓腰眼之鍛鍊有成效，肝區之病則自消退。此理乃為五行生剋變化之範疇。

所謂「六合與八法」，是太極拳的防身真諦。也是通過信息、控制的手法對意、氣、形三者相依而不相違的生理反應，以及對陰陽哲理進一步提高認識和理解，更能促進身心的機智靈活，而趨於完善。

六合是指內三合，即「心與意合、意與氣合、氣與力合」。外三合「手與足合、肘與膝合、肩與胯合」。此六合與十二地支有密切關係。即子與丑合出「掤勁」、寅

與卯合出「擠勁」、辰與巳合出「肘勁」、午與未合出「攊勁」、申與酉合出「按勁」、戌與亥合出「採勁」、寅對申、巳對亥相沖出「挒勁」、辰對戌、丑對未相沖出「靠勁」。此六合與六沖而變化八種不同的勁別，即是太極推手八法和拳套拆招所運用的八種勁以及亂採花或採浪花所運用的方式方法，均未出此八法之封域。

太極拳中的六合、八法，所以能有制敵取勝之效，都是根據「陰陽哲理」靈活運用的結果。由於陰與陽屬中國古典哲學理論範疇，陰陽是一切事物的變化規律，也是宇宙運動的根本。

所以太極拳運動，一動就有一圓圈，圓圈裡面有一圓心，這圓心叫做中心，在這中心的周圍分做四等份，每份為九十度，即四九三百六十度成一圓圈。太極拳在散手運動中，陰陽變化也是顯而易見的，兩者相互抑制，又相互聯繫，達到相互促進。因為一切現象都有正反兩面，自然界兩種對立的統一即為陰陽。如凹凸現象；斷續現象；缺陷等現象都說明了陰陽辨證關係。舉例說明這陰陽辨證關係的關鍵性，則在於「無過與不及」能「恰到好處」地運用陰陽變化規律，就能在實踐中取得理想的效果。

例如，敵人以右手打你的左邊的嘴巴，你就用右肩往敵人的右腋窩處貼緊粘住不離，同時以左手將其右大臂向上微托；使自己右耳緊貼自己的左手背；右臂放鬆置身前，右腳隨著進身往敵身左後方邁進一步，目的為了索敵後腿；右腳落地踏實，隨之屈右膝前拱，左腿伸直形成右弓箭步。與此同時，右臂朝右前上抬起，左臂

從右前上方往左後下方移動至臂伸直時為度。同時向左回頭，兩眼注視左手中指指甲蓋。此時敵人即會被靠出數步即丈許遠或摔倒在地。這即是太極拳中的「野馬分鬃」姿式的用法。

太極拳著重虛實分清、陰陽分明之理要往深往細裡去追求。正如拳之諺語：「陰陽明而手足得其用，虛實定而攻守得其宜」。

這就是說當對敵應戰之際，既要靈活的運用陰陽變化之規律，就會變化出無窮無盡的招術，又要有隨機應變，見機行事的素質，使對手防不勝防。

總之，太極拳所以有制敵取勝的手段，主要靠陰陽變化之理。這陰陽，實際上就是一個圓圈。這圓圈內涵許多科學道理，如心理學（用意不用力）、物學力學（運用剛體、三角、虎克定律、場勢等）、運動生理（生態變化、增強抵抗力等）哲理即太極一動一圓圈、一靜一圓圈，在這動靜圓圈之內，許多科學之理蘊藏於其中，所謂「超其象外，得其寰中」即指此而言。

這就是說「真東西」在內，而不在外面。因為剛柔、虛實、陰陽、動靜等變化只在瞬間。

所以說動與靜之變化更為奧妙！拳譜中云：「動急則急應，動緩則緩隨，雖變化萬端，而理為之一貫」。此意是說，敵我動之速度快慢要一致；用之力量相抗應為均。他有千變萬化，我有一定之規。但總的要掌握動靜之規律。即「靜中觸動動猶靜」、「動極返靜靜生動」。演練拳套之時，對全身運動之要求：內固精神，外示安逸。視靜猶動，靜以待動；視動猶靜，動以生靜。靜裡含動，

動不捨靜。動而生陽，動極而靜，靜而生陰，靜極復動，一動一靜，互為其根。一動無有不動，一靜無有不靜。

從事太極拳運動，應多看周易，易者多變即陰陽變化。讀《入藥鏡》，又知意所到大道有陰陽，陰陽隨動靜，靜則入窈冥，動則恍惚應，真土分戊己，戊己不同時，己到但自然，戊到有作為，烹煉坎中鉛，配合離中汞，鉛汞結丹砂，身心方入定。曰動靜、曰窈冥、曰真土、皆是說明活子時之口訣。何謂之動靜？曰寂然不動，返本復靜，坤在之時，吾則靜以待之。靜極而動，陽氣潛萌復之時，吾則動以應之。當動而或雜之以靜，當靜而或間之以動，或助長於其先，或忘失於其後，則皆非動靜之正常現象。真正之動靜，如天行其靜。如清淵之印月，寂然不動。如止水之無波。內不覺其一身，外不知其宇宙，等到亥之末子之初，天地之陽氣至，則急採之，未至則虛與待之不敢為之先也。能悟透其中之真意，則於防身禦敵之能，以及取敵制勝，乃易如反掌。

此乃太極、周易之真意。正如孔子所說的：「乾坤乃其易之門」。這句話就是說明乾天、坤地、宇宙、自然、萬物等等客觀規律，均接近於「周易」之門徑。

天朗氣清，因有日月星辰，為象，輕輕者居上；乾為天屬陽、坤為地屬陰、地磁重濁，為形而居下。周易的周字，即一圓周（圈），稱作無極（○）。易字，即日與月兩字合成，日為太陽，月為太陰。日月橫寫為明，即明理的意思。豎寫日月為易，易者，變更的意思。

由此可知「周易」即說明「太極從無極而生」。動之則分，而分出陰陽即太極、兩儀。靜之則合而復歸於無

極。也可以說在這個圓周（圈）裡面，包涵著虛實、剛柔、進退、張弛、動靜………即陰陽變化之理。同時也說明了太極拳的一動即一個圈、在這個圓圈以半徑為化解對方的來力，以半徑作為進攻的手段。這樣恰恰符合陰陽變化之理。陰陽變化主要在動靜的機智靈活上下功夫。所以說：「動則變，變則化，化化無窮」的道理也即在此。道理雖然講明、講透，但是最後還是要靠自己肯下刻苦功夫去鍛鍊，鑽研，默識揣摩，漸至從心所欲。

（三）鑑賞

武術與氣功不僅蘊藏有祛病強身和防身等明顯功效而受歡迎，而且它在功法的姿式上別具一格，動作典雅古樸，柔韌圓潤、輕盈灑脫、舒展大方。所以學者通過認真鍛鍊這套功法之後，不僅可使體態健美，而且還會增添一種藝術享受的樂趣。從藝術中獲得真正的樂趣，那就是「自然的美」，「美在和諧之中」。全身肌肉與骨骼結構，掌握在自己的意念、想像中。如一舉手，一動足，其動作是否配合協調一致。全身的肌肉骨骼的結構在運動操練時，內部氣外部形配合是否恰到好處（符合陰陽之理）。古代傳統氣功對於健美之訓練方法，與現在國內只是肌肉發達之美，是截然不同的，古代氣功健美術所求的美是內外和諧，即美在和諧之中，對內求「心靈之美」，既在思維上是崇高的不受任何干擾，指「七情六慾」並使內臟各部機能健全，氣血暢通，抵抗力增強免生疾病。外求「體態安詳」內涵一種令人說不出的剛健美（即全身肌肉發達適度），精神煥發、眼光炯炯有神，舉止不凡，輕靈活潑，敏捷大方。

這是通過武術與氣功之技藝，鍛鍊出來的一種帶有獨特風格的自然之美。無需任何器械設備而可使任何部位的肌肉、肌肉群伸展，甚至隨意翻滾和抑制全身各部，達到治病健身之奇效。

總之，太極的整體機制，是循理於陰陽哲理，運行於經脈醫理，所以說凡愛好此道者，只要功夫下到，心意悟透，定會在健身、防身、鑒賞三方面都有收益。

（四）行動準則綱要

從武術的發展過程來看，我們的前輩們，特別強調練武要講德。用現代的話來說，要德才兼備。太極拳的鍛鍊的基本綱要，首先要注重武德，這絕不是一句空話，因為這武德與健身、防身的關係頗為密切，所以在練功的過程中，如果目的不純或含有其它的雜念，非但功夫無成，反而會走入岐途。為此，一定要謹遵師囑，培養高尚的武林道德以及科學的鍛鍊方法。以下分四個方面，簡單提示一下：

1. 德：練武者應遵守武德。所謂武德，首先是「口德」，即要注重自身修煉，不言己之長，不道人之短。其次是「手德」，即要遇事多慮，勿躁、忍為高，即使處於忍無可忍之時，也要做到出手不傷人，點到而已，適可而止。最後是，「身德」，即要以身作則，先正己而後方能正人。若能做到心胸坦白，光明正大，方可「德藝兼修」，所以說「身正則藝正」。「藝」無德不立。總之，武術也要講德才兼備，否則必入歧途。

2. 體：習武不僅要有高尚的「武德」，而且還要有堅強的意志，同時必須要有很好的體質和魄力，方能取得

高超的技藝。

對於體質之鍛鍊，一般來講，應注意身心兼修，即內外並重。也就是說，對內要注意「中正安舒，輕靈圓活」這基本八要。對外要做倒「鬆肩、墜肘、涵胸、拔背、裹襠、溜臀、鬆腰、抽胯、頂頭懸」等九點身法要求。這也是強健體魄必備而缺一不可之練功要素。除此還要講三合，即內三合：心與意合、意與氣合、氣與力合」和外三合：「肩與胯合、肘與膝合、手與足合」。這內、外三合（也叫六合）之鍛鍊，對身心之變換，機智靈活性的鍛鍊是有很大的幫助的。

3. 教：武術教師應怎樣進行教學？這就需要不單教技術，還要教人。在未教學之前，教師對學生們的現實客觀情況應有足夠的了解，然後再進行教學，才會得到滿意的效果。因為人的智慧不同，接受能力不一，有的一點就透，一說就明白，像這樣的學生最好教。不過，也有不扎實、易忘的毛病。可是如遇到與此相反的學生，教起來就困難得多了！無論你百般講解和分析，或多作示範也是不解決問題，這主要原因是由於領會能力差或記憶力不好所致，但這種人掌握的東西較為扎實。有的是因為體質強弱不同，所以對此情況應該注意，運動量的大小要掌握適當。有的學習目的不同，如因體弱或因病，是為了恢復健康而學習的，有的是為了好奇而學習的、有的是為了強身和防身而學習的、更有的是為了爭強鬥狠，其目的不純來學習的……

由於上述種種不同的學習態度，所以教師也應根據學生的不同情況，採取不同的教學方式。如教集體課程，

應按照上班課的方式，分內堂課講理論，對初學的教學法，首先應闡明練習太極拳的基礎理論知識（內容包括手眼身法步，精神氣力功，即「心神意念」等基本知識）。其次再講理論與實踐相結合的科學道理。

外堂課是實踐練習，應抓住本堂課題所要講的某一動作的中心環節，尤要分清主次進步練習而增進實驗之效果。如個別教練，是根據學生的理解能力之不同和身體條件及學習之目的不同等情況，應採用因人施教的方式方法進行教學。在教學上還應確定以下幾點目標：

①完全徹底：在教學中應改變過去教學的舊框框，即不應有保守思想。教師不應該為了「光大門戶」派系的感情與願望來傳授技藝，而應以認祖國的藝術瑰寶代代相傳，並發揚光大為目的。故教師要有憐才育才之情，要誠心誠意的教，更不要留一手（此手並不是招式、而是在學生身上留下一點毛病，即拳之八反「捕風捉影、老步腆胸、寒肩縮頸、弓腰反背」等等），樹立認真負責、一絲不苟、完全徹底、誨人不倦的精神，毫無保留地進行教學。學生則要抱著虛心學習的態度而求學，對老師要尊敬，這樣方能博得老師的愛護與關心，在技藝上才能獲得老師傾囊傳授。

現在向大家介紹一把尺子，拿來作為衡量教師與學生，所教和所作的招式動作是否正確的標準，這把尺子就是自己的身體，因為不通過實踐而只從外形上來看是不容易看出的。可以打一個比喻來說明：譬如食物、從來未經過口舌嘗試過的東西，它的滋味好壞定不會知道，甚至連是否能吃也不得而知。

又如遊一勝地，若自己未能身臨其境，實際狀況也決不能說得詳細。

在練拳和學拳時，欲要知道所做的姿式動作是否正確，可以拿這把尺子（即自己的身子）試驗，做一姿式如感覺身體上部輕鬆，即胸背部都很舒適，而下肢部特別吃力有勁，這就說明了所做的姿式是正確的。反之，如感覺上肢僵硬有力，胸背部又有截氣和鬱悶不舒的感覺，而下肢腿部卻不覺吃力，並且有浮而不定等狀態發生，這就是姿式不夠正確的表現。這就是所謂衡量姿式動作是否正確的最標準的尺度。

②**新的發展**：因為太極拳本身蘊藏有許多科學道理，所以我們應在現有的基礎上再進一步研究，使其在科學理論指引下更有新的發展。太極拳在呼吸方面，通過後天（大氣）呼吸之氣而培育身中之真氣（元精、元炁、元神）飽滿運行無端。太極之真諦，即為「周易」，周易即太極圓象之化身，即圓周裡面有陰陽、動靜不停變化著，而對立統一，周而復始，循環無端，形成一個整圓。此處所謂之圓，實際可理解為多維空間中的無限個圓。所謂「一陰一陽之謂道」。這句話說明了太極拳與氣功的關係，是不同尋常的，而是一體，因此也可叫做「太極氣功拳」。

③**深度和廣度**：太極拳練到什麼程度才能起到體用兼備呢？俗語說「學無止境」，練一天有一天的進步，功夫不虧人，這有一定道理，所以欲求達到高深地步也必須遵循一定的規律，這規律就是「按步就班、循序漸進，由淺入深，從低級到高級」進行鍛鍊。關於深度問題，

必須要掌握好運動量的大小和姿式的高低。這樣對於功夫的進步的深淺是有很大關係的。

關於廣度問題是和普及與提高相結合的程度有關，如對初學者來說應先求普及，在普及的基礎上再提高，在提高的基礎上再普及。能夠這樣實踐才能符合加大深度和廣度的要求。

在教學中語言力求通俗易懂；動作力求身體各部器官協調發展，不僅有動作之形，更重要的要有形成動作之意念、心思，方能使氣運於身，達到身強體健之效，也就是讓活躍精神附於健康的身體，更會促進健康的精神，互為表裡，相互制約，這是辨證的統一。

總之，教師只能負指引的責任，而最主要的還是要靠學生自己肯下刻苦的功夫進行鍛鍊方能成功。俗話說得好「師傳領進門，修行在個人」，拳經所謂：「入門引路須口授，功夫無息法自修」。這些都是指此而言的。又如學生可比喻探索路徑之人，而先生則是指引道路的人，然而所走這道路正確與否，都要自己去走。我國武術廣無涯際，深邃莫測，真是學無止境，活到老學到老，即便學到一點東西也決不能驕傲自滿，「驕者必敗」之理，習武者不可不知。

所以，我們必須明確武術乃國之瑰寶，繼承和發展我國民族文化遺產，則是每個炎黃子孫應盡之責。

4.學：學生對於「太極拳健身與技擊」應該怎樣進行學習，方能迅速地掌握它和運用它，並能達到健身、攝生有所幫助之目的呢？這都非按著本功演練之步驟進行學習不可。對一般欲求深造者來說，若能嚴格要求自己

則進步必然會迅速；對一般練習者可以放寬尺度，結合個人條件進行練行即可，但不要懷畏懼之心或怕學不好的思想。學習本功法不單要了解它的動作線路，同時還應該了解各個動作的要點。

標準和如何進行糾正錯誤的方法以及身心的變化狀態等，也就是說我們不僅要知道它的外形，更重要的是應該知道它的實質。我們應該知道怎樣練是正確的，而怎樣練是不正確的，檢驗標準是什麼？然後再從事練習，才不致發生較大的錯誤和產生危害，從而，才能取得鍛鍊的功效。此標準應從姿式、動作、運動、呼吸等方面求之，即可得其準繩。

第二章　太極拳三十七勢動作圖解

　　這套架式共為三十七勢，分成一百七十八動，每勢的動作均作為雙數，最少的二動，最多的二十動。預備勢並無動作，不在三十七勢之內。

預備勢：

　　〔命名釋義〕凡是運動將要開始之前，都必須要有所準備的意思。

　　〔動作圖解〕：面對正前方（正南）併腳站立；兩臂自然下垂，使掌心貼近股骨側、手中指指尖緊貼褲線（即風市穴）；頭頂正直，舌抵上　，兩眼平遠視；體重平均在兩腳；意在兩掌指尖。此勢要求著重在摒除雜念，使身心達到虛靜和鬆空。

　　這意思就是說，將全身骨節鬆開。肌肉不許有絲毫緊張為原則，能如此練習，養成習慣之後，全身運動起來自然產生出「鬆空圓活」之妙趣。（圖1）

　　感覺：身體好似站在一支搖擺著的船上一樣在搖擺著。這時就說明思想已無雜念而達到入靜的狀態。否則，身體搖晃沒有發覺的話，可以肯定在思想上還有雜念未淨。

圖　1

　　以上這些意思，總的來說就是從一

開始練起，使身上就產生了一種特別舒適的感覺，而這種感覺只可意會，非筆墨能形容其妙！一直練到收式完了，始終保持使每個動作都能做到如所想像的感覺，並長存不懈。入靜的時間越長，使大腦休息得越好，則對身體健康幫助越大。

一、起勢（四動）

〔命名釋義〕凡是運動的開始、開頭、起頭、頭一個動作，叫起勢。

〔動作圖解〕

第一動 左腳橫移，身體和頭頂保持正直，用意念想鼻尖微向右移和右腳大趾成上下垂直線，然後使尾骨和右腳跟上下對正。這時，左腳自然向左橫移至與肩同寬為度，左腳大趾虛沾地面，兩眼仍向前平視；重心寄於右腿；意念在右手小指指尖（圖2）。

感覺：身體右半邊緊張、左半邊鬆弛。

圖 2

用法：對方用右手扒著我之左肩向右橫撥或橫搬時，我則用意想自己的右肩或身之右側某部位即可，這樣一想對方就撥不動了。

第二動 兩腳平立，用意念以右手的小指指尖開始想起，依次序想無名指、中指、食指、拇指、掌心、掌根。與此同時，左腳二、三、四、五趾，腳心、腳跟也自然地依著次序相繼漸漸落平。重心平均在兩腿。視線

不變，意在兩手的食指指尖。(圖3)

感覺：喘了一口很痛快的氣，上身輕鬆舒適；兩腳如樹植地生根，特別沉穩。

用法：此式為太極自然椿法，既可攝生，又有防守六面勁(上下前後左右)進攻之作用。「授秘歌」中所說的「應物自然」之句，即指此法而言。

圖　3

第三動　兩腕前掤，用意念想兩手指尖，使指關節先舒展直，然後想手指肚向手心靠攏，這時兩手腕產生動力將兩臂自然引向前上方平舉，至手腕高與肩平，寬與肩齊為止，意在兩手掌心，視線和重心均不變。(圖4)

感覺：前胸舒暢，好像餓了似的，有想吃東西的意思。

用法：自己手腕被對方攔著時，我即將五指撮攏回收，使腕部向前突出貼其掌心，而使對方身體重心傾斜則後仰跌出。(圖1-1，1-2)

第四動　兩掌下採，用意先想兩手背，這時兩臂自然降落至拇指尖貼近兩股骨外側為止，掌根向後收斂、掌心如扶物，指尖朝前、臂微曲。與此同時，兩膝鬆力，身體向下蹲，使臏骨尖和腳尖上下成垂直線為度。同時小腹微收，兩眼向前平視，重心仍在兩腳，意在外

圖　4

圖　1-1, 1-2

勞宮（圖5）。

　　感覺：由於「尾閭中正神貫頂，滿身輕利頂頭懸」，所以大腿和小腿發脹、發熱而有勁，顯著下盤穩固。

　　用法：對方攥著我之手腕往後拽時，我隨將五指舒伸，向下向後沉採（注意沉肩墜肘，鬆腰提頂），此時對方即應手向前撲跌或前栽（圖1-3，1-4）。

二、攬雀尾（八動）

　　〔**命名釋義**〕此動作有象形之意。將對方向我擊來之手臂比喻為鳥雀的尾巴，把自己的手臂比喻為繩索，隨著對方手臂的屈伸、上下、左右的動向而纏繞不使其逃脫的意思。

　　〔**動作圖解**〕

　　第一動　左抱七星（掤手）：用意想「會陰穴」向右後下方移動，使尾骶骨

圖　5

圖　1-3, 1-4

與右腳跟上下對正。然後鬆左肩、墜左肘，左掌會自動的向前上方抬起，到掌心向後上方，拇指與鼻尖前後對正為度，同時右掌也自動的向胸前移動至中指尖貼近左臂彎處為止，掌心朝前下方。然後墜右肘、鬆右肩。這時左腳會自動的朝正前方把腿舒直，腳跟著地，腳尖翹起（成坐步式）。兩眼從左掌拇指上方平遠視；重心在右腿；意在右肩。（圖6）

圖　6

感覺：右掌心和左腳心輕微蠕動；右大腿和小腿發脹發熱。

圖　2-1

圖 2-2　　　　　圖 2-3

用法：如對方擊來右拳，我則以左肘粘其右肘，並以右腕粘其右腕，使其右臂伸直不叫它彎曲，此時對方即被掤起（拿起來了）（圖2-1，2-2，2-3）。

第二動　右掌打擠：用意想鬆右肩、墜右肘、右掌會自動的向前移至掌心與左掌脈門相貼時為止。這時左臂自動形成平曲橫於胸前，左掌掌心向後，指尖朝右；右掌掌心向前，指尖朝天，以食指尖與鼻尖前後對正。與此同時，左腳逐漸落平，左膝前弓；右腿在後伸直（成左弓箭步）。重心在左腿；兩眼從右食指上方向前平遠視；意在脊背。（圖7，圖8）

圖 7、8

感覺：全身力量完整，力

係發之於腳，而腿、而腰，達於脊背，形於手指。因之有氣勢澎湃之感。

用法：接上動隨之，用「擠勁」（推切手）發之，我以左小臂橫於對方之胸部前方，復以右掌向前推至左脈門處，同時脊背微向後倚。這時對方則應手跟跟蹌蹌跌出或仰面摔倒。（圖 2-4，2-5，2-6）。

圖　2-4

第三動　左掌沉採：用意想左掌使掌心與右肘相觸後，掌心轉向下，墜左肘、鬆左肩。右手上起至中指尖朝天與右肘垂直，左手虎口貼在右肘尖下。同時右腳跟回收，使膝蓋與踝骨垂直，左腳不動，兩腳形成 90 度，重心三七開，身體自動右轉，成半馬襠步，重心偏在左腳，兩眼注視左食指尖。意在左

圖 2-5　　　　　　　　**圖 2-6**

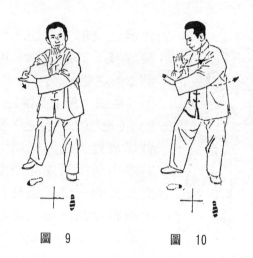

圖 9　　　　　圖 10

肩。(圖 9，10)

　　感覺:左掌心和右腳心輕微蠕動;左大腿和小腿發脹、發熱。

　　用法:對方以左肘向我右肋頂來,我則以左掌腕部粘其左腕,同時向右轉身,並以小臂直粘其左肘,然後

圖 2-7　　　　　圖 2-8

向左後上方微微移動，即可將對方採起（拿起來）了（圖2-7，2-8）。

　　第四動　弓步頂肘：用意想鬆左肩、墜左肘，這時，右腳腳尖自動的略微抬起，左掌便自動的向前移動至掌心與右臂彎相貼時為止。這時右臂自動形成平曲橫於胸前、右掌掌心向右和右肩相對，指尖朝後；左掌指尖朝前，拇指尖朝天。與此同時，右腳逐步落平，右膝弓出；左腿在後伸直（成右弓箭步）。重心在右腿；兩眼從右肘尖上方向前平遠視。意在右掌掌心。（圖11，12）

　　感覺：全身力量完整有勁，氣勢澎湃雄厚。

　　用法：我以右肘肘尖橫於對方胸部前方，復以左掌向前推至右臂彎處，同時右掌掌心微向右肩靠攏。這時對方則應手蹌跟跌出或立即摔倒。（圖2-9，2-10）

　　第五動　左肩打靠：用意想右掌的五指指甲，從拇指開始逐遞想每個指甲與空中（天）成水平，這時右臂

圖　11　　　　　　　　　圖　12

圖 2-9　　　　　　　　圖 2-10

自動伸直，掌心也隨之翻轉朝地面，然後使右臂從身之
右前上方走弧形降落至身之右後下方。這是用意想那裡，
那裡放鬆。此動作是從右手的小指肚開始依次放鬆的，
即小指、無名、中、食、拇指指肚、手心、手腕、肘關
節一直鬆到肩關節。

　　此動作做完形成右弓箭步；重心仍在右腿；左肩朝
正前方，上體半面轉向右。左右兩臂微曲、兩掌掌心均
朝下，虎口上下斜對成圓狀。兩眼注視右手食指指尖。
意在玉枕穴。（圖 13，14a，14b）

　　感覺：腸胃蠕動，此動作和下一個動作使胰臟得以獲
得活動。而對糖尿病患幫助很大，能夠起到醫療作用。

　　用法：發靠勁，似雷霆之迅速不及掩耳。此動作在人
身竅位是玉枕，屬膽經，其姿勢以自己身體之有關部位
靠對方之身，使其不能得力，無論用肩、肘、背、胯、
膝等部位，均可靠之。此式用法是接上一個動作肘打，
而被對方採勁化解反攻，我即用左肩向其胸部（即原右

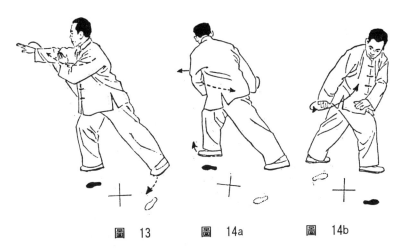

圖　13　　　　圖　14a　　　　圖　14b

肘所觸之位置）猛擊。（圖2-11，2-12，2-13）

　　第六動　右掌上捌：用意想右肩鬆力、右肘下墜、右掌掌心自動鬆轉向上，從右肋開始移動經左肋、前胸、

圖　2-11　　　　　　　　圖　2-12

圖 2-13

至右臂舒直與右肩前後對正略高於肩，掌心向上，指尖向前；左掌掌心向下以中指和無名指尖扶在右掌脈門。與此同時，身子要隨手的動作而自動的運轉（即身子怎樣動都不管它，任其自然保持正直）。重心變換了一次，係由右腿移到左腿，復由左腿又轉移到右腿。兩眼從右掌食指尖上方，向前平遠看。意在右腳。（圖15，16）

感覺：全身舒暢；右掌掌心和腹部發熱並微有蠕動。

用法：挒勁之法與採勁相反。分勁為挒，其姿式抓

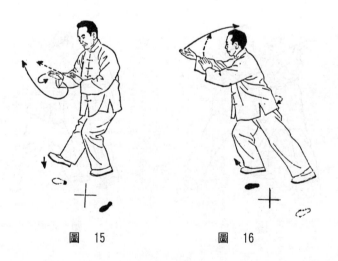

圖 15 　　　　　 圖 16

圖 2-14　　　　　　　圖 2-15

住以後而擰為捌。主要是手與腳而產生捌勁。(圖 2-14，
2-15，2-16)

第七動 兩
掌回捋：用意想
右掌掌心向內，
以食指指肚從左
眉梢向右划至左
眉攢時，掌心轉
向外再以食指的
指甲從右眉攢划
至右眉梢為止。
眼神始終注視右

圖 2-16

掌食指指尖。與此同時，左腿自動的屈膝略蹲；右腿舒
直，腳跟著地，腳尖翹起；重心在左腿。左掌與右掌均
朝外，兩掌分開距離約十五公分。意在玄觀穴，即在兩
眉中間。(圖 17a，17b)

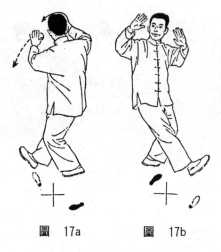

圖　17a　　　　　圖　17b

感覺：左腿發脹、發熱；右掌心發熱和蠕動。

用法：捋勁之法是破掤手之法。例如對方以掤手來攻（即斜上方的力），剛剛接觸我身時，我則以右掌粘其左腕，左掌粘其右肘，同時往右後上方捋出，與此同時，身子略微右轉則使對方所發之力落空而應手跌出。（圖 2-17，2-18，2-19）

第八動　右掌前按：用意想左手腕，左肘逐漸放鬆，一直鬆到左肩為止。同時右腳腳尖自動的向左轉（正對

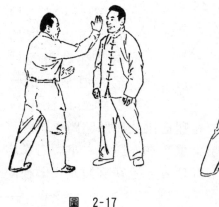

圖　2-17　　　　　　　　圖　2-18

圖　　2-19

南方），隨之，屈膝微蹲；左腿舒直，左腳位置不動，兩腳形成「丁八步」重心在右腿。這時左右兩掌距離不變，只是隨同身子從正北向左轉到正南時為止，掌心均朝下。右掌高與乳平，左掌與心口窩平。兩眼視線從右食指尖轉移到左食指指尖，意在前胸。（圖18，19）

感覺：胸寬舒，背圓力全，右腿發脹發熱。

用法：按勁之法可以破擠勁。如對方用擠手（即平

圖 18　　　　　圖 19　　　　　圖 2-20

行直力）擊來，我則以雙手輕輕扶於其後臂之肘腕部的
上面，不可用力，只要粘住不離開就行，但最主要是在
於「涵胸」（即胸部略微一收斂）。同時兩掌微微向前舒
展略帶弧形即得。這時對方則應手而倒或跌坐地上。（圖
2-20，2-21，2-22）

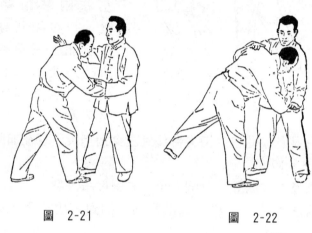

圖 2-21   圖 2-22

　　上述八法之應用是根據其每個動作之用法而言的。
若實際應用時，其所發之勁是見景生情，隨機而用，均
由本身之穴道上發出，其效率很大。此八法各有穴位（即
竅道）分布在身體各部。

　　例如：用肘之法，肘竅在肩井。用此勁時是由於自
己被對方將要捋出之際，而突然改變用肘還擊，此法與
斷勁相似；然用之恰當非常厲害，易生事故，應要注意
為要。用肘之法約有十六種之多，如：「一膝肘，兩膝肘，
肘底槍，肘開花，頂撞掩滾，獻纏抱翻、搖、鑽、單鞭
壓肘、雙鞭壓肘」等等。

三、摟膝拗步（六動）

〔**命名釋義**〕此勢名稱由來於術語，即左腳在前而推右掌或右腳在前推左掌，則形成左右交叉式，而術語稱之為「拗步」。拳法中講：以手橫過膝蓋或下按膝蓋等動作稱為摟膝，是破敵攻下路的方法，故取是名。

〔**動作圖解**〕

第一動　左掌下按：用意想右掌腕部鬆力使虎口和右耳孔相貼。然後，墜右肘、鬆右肩，這時左腿自動的會向左橫開一步，左腳跟著地腳尖翹起，與此同時身子和左臂也自動的向左轉向正東；左掌心向下和左腳大趾成垂直線。兩眼注視左掌食指。重心在右腿；意在右肩。（圖 20）

感覺：右腿發脹、發熱；左掌自然產生出一種向下的按勁。

圖 20

用法：如對方用右腳向我腹部踢來，我即以左掌對準其膝蓋骨向下按，使對方不踢則已，若踢之而自行倒退失敗。（圖 3-1，3-2）

第二動　右掌前按：眼神離開左手食指，抬頭向前方平視，這時開始用意想右肩找左胯，感到左腳跟一吃力，想右肘找左膝，腳放平時再想右掌找左腳，這時右掌無名指像紉針似的向前夠針孔，到體重由右腿移到左腿時立掌，凸掌心使指尖立起朝天。右臂伸直外旋，右拇

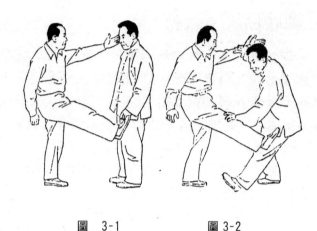

圖 3-1　　　　　圖 3-2

指尖朝上與食指朝右上的第一個橫紋成水平面。右臂外
旋時，右腳隨之向右外開。

　　之後意念轉到左掌心，左臂窩微屈，左中指尖與左

圖 21

肘尖成一直線，左掌心捵地面，
到右腳能自然離開地面抬起為
度。發右掌時不要用力向前推，
讓它自己到，怎麼到呢？就是
眼順右掌拇指上面平視前方。
眼往那裡看掌往那裡推，不去
想推的動作而是想右肩找左
胯、右肘找左膝，右掌找左腳，
右掌自然向前，之後右臂外旋，
右腳跟外開，腰子合上，左掌
一捵地前推勁就出來了。（圖
21）

感覺：左大腿和小腿發脹、發熱；兩掌心亦同時發熱和蠕動。

用法：接上動，當對方以右腳踢我落空後，其必向前下方落步，我當進左步緊貼其右腳內側，同時，發出右掌擊其前胸或面部，這時對方則應手跌出。（圖3-3）

圖　3-3

第三動　右掌下按：用意想左腕鬆力向上提至左耳旁，虎口貼近耳孔，同時右掌自動的向前下方按出，掌心向下，兩腳位置不變仍為左弓箭步；重心仍在左腿；兩眼注視右掌食指指尖，意在左掌掌心。（圖22，23）

感覺：左腿發脹，生熱。

用法：如對方以左腳向我腹部踢來，我即以左掌對準其膝蓋骨向下按，使對方不踢則已，若踢之則自行倒退失敗。

第四動　左掌前按：眼神離開右手食指，抬

圖　22，23

圖　24

頭向前方平視，同時墜左肘、鬆左肩，這時右腿自動的向前邁進一步，腳跟先著地，腳掌逐漸放平；與此同時，意想左肩找右胯，感到右腳跟吃力時，再想左肘找右膝，當腳放平之後，想左掌拇指上面向前平視。重心在右腿；意在右掌心。（圖 24）

感覺：右大腿和小腿發脹、發熱；兩掌掌心亦同時，發熱或蠕動。

用法：接上動，當對方以左腳沒踢著我落空後，其必向前下方落步，我當進右步緊貼其左腳內側，同時，發出左掌擊其前胸或面部。這時，對方則應手跌出。

第五動　左掌下按：左掌以食指引導向前下按至右膝前為止，掌心向下。同時右腕鬆力向上提至右耳旁。重心仍在右腿。兩眼注視左掌食指尖。意在右掌掌心。（圖 25）

感覺：右腿發熱、發脹。

圖　25

用法：因對方用腳踢我，必先提膝之後才能發小腿，所以摟膝的目的是用一隻手按對方的膝蓋（對方踢右腿我用左手按，對方踢左腿，我用右手按），對方再踢，他自己就站不住了。對方不踢，腳就落在我身邊，即下按的手側面，而我的腳落在他的腳的內側，這時下按的手就不再去管他了。抬頭看對方，發另一隻手，發的手不要用力也不要軟，沾著對方後，臂外旋，後腳跟向外開，旋轉後，下按的手臂窩一屈，肘向後下方一沉產生下沉勁，身子也隨之下沉，手心一熱，後腳蹬直，後腳有了撐勁，對方就被發出去了。此動作就是用左掌按對方的右膝蓋骨，待機而發之勢。

第六動　右掌前按：眼神離開左掌食指尖，抬頭向前方平視，這時左腿自動的會向前邁進一步，之後左腳逐漸落平；與此同時，意想右肩找左胯、右肘找左膝，右掌找左腳。這時兩腿成為左弓箭步；眼順右掌拇指上面向前平視。重心在左腿，意在左掌掌心。（圖26，27）

感覺：左大腿和小腿發脹，發熱；兩掌掌心亦同時發熱或蠕動。

用法：當對方以右腳沒

圖　26, 27

踢著我落空後，其必向前下方落步，我當急進左腳緊貼近其右腳內側，同時發出右掌擊其前胸或面，這時對方即應手跌出。

四、手揮琵琶（四動）

〔**命名釋義**〕兩手一前一後，前後擺動滾轉，好似揮彈琵琶的樣子，故取此為名。

〔**動作圖解**〕

第一動 右掌回採：用意想左掌、左肘、左肩逐遞依次放鬆關節，這時右膝微微一屈，身子就自動的往後坐；右掌自己就往後撤至大拇指與心口窩對正，掌心朝左。左掌心向下貼近左膝。這時鼻尖，右膝蓋尖和右腳尖，三尖上下相照即成垂直線，尾骶骨右腳跟上下對正。重心在右腿。身子坐好後，左腳尖剛要一翹時就拿左腳尖點地，右大拇指就有了墜勁，兩眼向前平遠視。意在左肩。（圖28）

感覺：右大腿酸脹，小腿有勁沉穩。

用法：如對方將我右手腕刁捋著並向後拽時，被拽的右手臂不可用力抵抗，只是意使左肩與右胯相合，之後即使對方拽不動自己，反而把對方拽過來了。（圖4-1，4-2）

第二動 左掌前掤：用意念想右肩找左胯，胯一沉、左腳尖就往上翹，再想右肘與左膝合，腳翹得還

圖 28

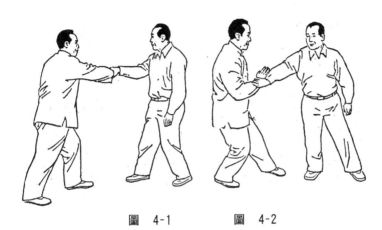

圖　4-1　　　　圖　4-2

高，然後想右手心與左腳心微微一貼，貼上以後，用右手心吸左腳心，實際是使左臂自然上升，吸到左手大指與鼻尖對正，臂窩微彎，右手中指扶在左尺澤穴。兩腿形成右坐步式。重心在右腿不變。兩眼順左手大指上面向前平遠瞻。意在右掌心。（圖 29）

圖　29

感覺：右腿發脹發熱；右掌心和左腳心有輕微蠕動。

用法：如對方用右拳向我前胸擊來時，我則以左臂部粘其右肘；並以右掌腕粘其右腕，使其右臂伸直不叫其彎曲，這時對方即被拿起來了。彼已失去重心則任人發放矣。（圖 4-3）

第三動　左掌平按：右掌翻轉朝天，向左前方一伸，想拿右手往左腳底下塞，去托左腳心，往上托；一想托腳心左腳尖自己就往下落，體重前移，左腳放平，好似踩在右手心上，右手越托越托不動；托不動就得沉肘，這時拿右曲池穴找左陽陵穴使二穴成上下垂直線，身

圖　4-3

子自然要斜坡形向右旋轉，再拿右肩井穴找左環跳穴，合到右腳能抬起為度。左掌掌心翻轉朝向地面，指尖向右前方，自然產生向前向下的按勁。右腳一虛，左掌就按，這是合，接著是開，即左肩左肘左腕全舒展開了，力量才大，因肩鬆氣到肘、肘沉氣到手，把氣貫到中指尖，意念一放到這兒，力量就大了。這動作最後是左掌以食指引導

圖　30,31

從右前方向左前方移動，左掌心朝下，右掌掌心朝上貼近右臂彎處。兩腿成左步式，重心在左腿；眼神從左手食指尖注視前方。意在左手中指指尖。（圖30，31）

感覺：全身舒暢；左掌心和右腳心蠕動。

用法：如我右手腕被對方用右手攥著，我則一掩右肘，對方立即身子向前斜傾之際，隨起左掌向右前方先壓其右肘，然後拿左掌的中指尖找對方的左耳後的翳風穴，貼住以後想右翳風即想從左翳風穿透到右翳風。（圖4-4，4-5，4-6，4-7）

第四動　左掌上掤：左手大指為軸，小指引導翻轉朝下，左手往上托臂要直，托到感覺右腳跟離開地面，能夠抬起，腳大趾點地，左手繼續上托，沉左肘似貼地面，右腳自然向左靠攏（注意：手向上托時不能泄勁，手一弱，右腳就上不來了）。之後鬆一下左肩，拿左肩找右胯，感到右腳一落實，體重到了兩腿，右手自然下落

圖　4-4　　　圖　4-5

圖　4-6　　　　圖 4-7

，落到右手（手心向下）脈門與肚臍一平，然後眼神往左前上方遠處看，左手追眼神，送到左手中指尖與眉齊，同時向左轉腰使右手脈門貼住右肋，鬆肩墜肘，臂窩微彎，重心在左腿；意念在左手手心。（圖 32）

圖　32

感覺：左腳如樹植地生根；左掌心和右腳心有輕微蠕動。

用法：如對方之右臂已被我拿直，身子也成背勢不得力而欲逃脫，我繼以左掌掌心向上托著對方之右臂肘關節，同時右掌心向下粘其右腕的活關節，左右兩掌上下一齊用勁即擴其關節（反關節）。這時對方已被我拿起來了，想逃脫也逃脫不了。只有隨我任意擺弄，不然一較勁其臂就

圖　4-8　　　　　　　　　　　圖　4-9

會折斷。（圖 4-8，4-9）

五、野馬分鬃（四動）

〔**命名釋義**〕此勢亦是象形動作，係以身之軀幹比
喻為馬之頭部。將四肢比喻為馬之頭鬃，即兩臂左右、
一上一下之擺動兩腿左右，一前一後，向前邁進時之手
足左右交織之動作，有如野馬奔騰則形成馬頭之長鬃向
前後、左右搖擺之狀態，故取此名。

〔**動作圖解**〕

第一動　左掌下採：接上動，面向東體重在左腿。
鬆左肩、墜左肘，然後以左掌小指引導向右後下方移動，
使左手手背貼到右膝外側，指尖向下，身子不要打彎，
直著下蹲，眼要向前平視，右手自動往上提升，手心往
上托，升到與眼平時，拿右肘找左膝，右手自然向左撥
出，然後眼從右手臂處向左前方看，想右肩找左胯，左
腳自然邁出一步，腳跟著地，腳尖翹起，重心在右腿。

圖　33, 34

意在右肩。（圖 33，34）

　　感　覺：右腿發脹、發熱、發酸。

　　用　法：此勢破打嘴巴，是最好使用的方法。譬如對方以左手打我的右嘴巴時，我則以右手輕輕一托其左肘，隨之，進左步鎖其雙腳。此動作作為入樺，是一個完整動作的二分之一，即前半個動作，若要把對方摔倒的話，那麼，還必須與後半個動作結合起來才起作用。（圖 5-1，5-2）

　　第二動　左肩打靠：接上動，鬆右肩，開右胯，沉右肘，鬆右腕，右手舒展向前伸，伸到體重移到左腳，

圖　5-1　　　　　　圖　5-2

手心朝下，指尖朝前，到後腳能抬
起時為度。體重到了左腿之後再動
左手，鬆左手腕使虎口展開，手心
朝上，順右臂彎往上起，起到左手
小指高與左耳平，左臂輕輕伸直，
隨著向右轉身。

圖　35

　　左手與右腳要掛上鈎，即接成正
東正西的一條直線，然後腰繼續向
右轉使左肘與右膝成一條直線，再
使左肩與右胯成一直線（這時力量
才能達到左肩。左膝向外撐，不要
往裡使勁）。同時右手自然下落到右踝骨上方，右手心朝
下，眼看右手的中指指尖。（圖 35）

　　感覺：左腿發脹、發熱。

　　用法：如果對方使左手打我的右嘴巴，我就用右手
向左輕撥其左肘，同時進左步將其雙腿鎖住後，最主要
的是進左肩貼緊對方之左腋下，然後兩臂前後分開，眼
看後手（右手）中指指尖，這時左肩頭自然產生向外打
靠之巨大力量，使對方觸之即倒退，跌出很遠。（圖 5-3）

　　第三動　　右掌下採：鬆左肩、墜左肘，左掌回移至
右耳旁，眼離開右手中指看食指、大指，離開右手大指，
抬頭，向正前方（正東）平視。這時右手自然移到左膝
左側，右手背貼近左膝。隨之墜左肘、鬆左肩；眼神向
右前方平視。與此同時，右腳自然地向右前方邁進一步，
腳跟著地，腳尖翹起。重心在左腿；左掌貼近右耳；意
在左肩。（圖 36）

感覺：左腳脹、發熱、發酸。

用法：如對方以右手打我左嘴巴時，我則以左手輕輕一托，同時進右步鎖其雙腿，此動作為入樺，是引拿勁，是一個動作的前半個動作。

第四動 右肩打靠：接上勁，鬆左肩，開左胯，沉左肘、鬆左腕，

圖 5-3

左手舒展向前伸，伸到體重移到右腳，手心朝下，指尖朝前。體重到了左腿之後再動右手，鬆右手腕使虎口展開，手心朝上順右臂彎往上起，起到右手的小指高與右耳平時，右臂輕輕伸直，平著向左轉身，使右手和左腳在意識上好似接上頭形成一圓圈，然後在這圓圈當中再產生三條直線，即右手與左腳、右肘與左膝、右肩與左胯，成正東正西的三條直線，同時，左手自然下降，落到手心與左外踝骨上下對正。眼看左手中指指尖。（圖 37）

圖 36

感覺：右腿發脹、發熱。

用法：如對方用右手打的左嘴巴時，我就用左手輕輕一托他的右肘再往右一撥，同時進右步將他的兩腿鎖住，之後用右肩頭和對方的右腋下貼住，然後兩臂前後分開，眼看後手（左手）的中指尖。這時右肩頭自然產生出向外打靠之巨大力量，使對方觸之即行倒退，或跌出很遠。

圖 37

六、玉女穿梭（二十動）

〔**命名釋義**〕

此勢之動作柔緩，而左右運轉交織，環行四隅，連續不斷，往復折疊，進退轉換，纖巧靈活，就雅如玉女在織錦運梭一般，故取此為名。

〔**動作圖解**〕

第一動　右腕鬆轉：右掌掌心由朝上漸漸翻轉朝下，同時眼神離開左掌的中、食、拇指指尖，然後抬頭，眼再從右掌食指沿右掌外側弧形轉視右肘尖，這時左掌隨著眼的轉視動作自然上起，至掌心托右肘，隨之右肩一鬆，左腳自然前進一步，腳跟著地，腳尖翹起形成右坐步式。重心在右腿，意在右肩井穴。（圖38，39）

感覺：精神振奮；右掌心和左腳心微微蠕動。

用法：如對方將我右手腕捋住往後拽時，我將被拽的

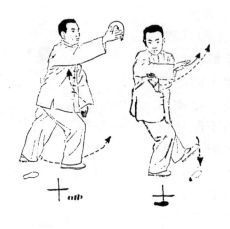

圖 38,39

右手腕若無其事的把它忘掉，只是眼神從右掌食指沿右掌外側弧形轉視右肘尖，這時，對方反被我拿起來了，同時進左步鎖住對方的雙腿形成待發之勢。(圖 6-1，6-2，6-3，6-4)

第二動 左掌斜掤：左腳跟著地後，鬆右肩沉右肘，感到右手心有動的意思時，凸掌心往左前方舒展，這時鬆右腕找左腳，左腳放平時，右肘找左膝，體重到左腿時，右肩找左胯，這時右腳後跟微微往外一開。這時意

圖 6-1

圖 6-2

想左肩、左肘、左手腕部等逐遞鬆力使左掌心翻轉向上，向左前方伸到左手脈門與右手的中、四指貼住以後再想左手的大指指甲好似貼在地面上，然後再逐遞想食、中、無名、小指等指甲均貼在地面上，五個

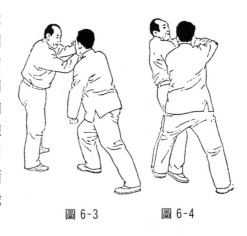

圖 6-3　　　　圖 6-4

指甲一貼地面後，右腳自然虛起，至能抬起離開地面為度。這時兩腳形成左弓步式。重心在左腿。兩眼視線順左掌食指的上方向前平遠看。意在左手的指甲上。（圖 40）

圖 40

感覺：左大腿和小腿發脹、發熱。

用法：如對方用右手向我胸部打來，我也用右手輕輕一貼他的右手腕，同時身子先向左微微一轉，再向右轉身，然後進左步鎖住他的後腿，左掌向前伸至與對方的左肋靠近，隨即向左後方用斜捌勁發出。這

圖 6-5　　　　圖 6-6

圖 41

是破中平手法的招式。（圖6-5，6-6）

　　第三動　左掌反採：左掌以食指引導，走外上弧形向左後上方（西南隅）移動，右掌大指撫左臂彎曲處隨著移動，同時右膝鬆力，向右後方坐身；左腿伸直，腳跟著地，腳尖翹起，形成右坐步式。重心在右腿，視線隨左掌食指。意在左肩井穴。（圖41）

　　感覺：右腿發脹、發熱；左手心發熱和蠕動。

　　用法：如對方用右掌向我頭部打來，我就用左掌粘住他的左小臂的下邊。然後使左腕外旋，用手心上托，同時上身往後一坐，即將對方拿起。（圖6-7）

　　第四動　右掌前按，左腳逐漸落平，隨之屈膝略蹲；

圖 6-7　　　　　圖 42

右腿伸直，重心移於左腿，形成左弓步式。與此同時，右掌離開左臂向左前方（東北隅）按出；左掌掌心翻轉向上，左食指尖與左眉梢上下成垂直線。兩掌虎口相對，視線注視右掌食指。意在左掌掌心。（圖 42）

　　感覺：左右兩掌掌心微微蠕動；左腿發脹、發熱。

　　用法：此動作與第三動是前後銜接的動作，當左掌旋轉將對方拿起之後，隨之發右掌擊對方之前胸。這是破上面來手之法。（圖 6-8）

圖 6-8

　　第五動　　左掌右轉：右臂鬆力，右掌掌心漸翻向上，靠近左肋；左掌以食指引導向右後方轉去，轉到正南時左腳尖也轉向正南方，身隨步轉；左掌繼續再轉至面向正

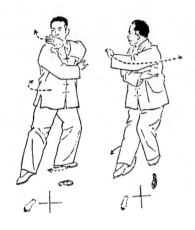

圖 43, 44

西時，右腳尖點地、腳跟虛起，兩膝相貼。重心仍在左腿。視線隨左掌食指尖轉向右前方（西北隅）。意在左掌掌心。（圖43，44）

感覺：全身扭轉，有如盤香之螺旋擰勁之感。特別是脊背覺得「背圓力全」有膨脹之意。此動作是以轉腰為主。

用法：如對方將我抱住時，我須等他用勁抱的似緊非緊的時候，只要身子一轉使對方即抱不住而被甩出去了。（圖6-9，6-10）

第六動 右掌斜掤：左肩鬆力，使左臂舒直，左掌掌心向

圖 6-9　　圖 6-10

左後方（東南方）下按。同時右腳自動的朝右前方（西北方）橫移一步，腳尖虛沾地面。這時左掌以食指引導繼續走弧形向右夠右耳尖，眼神一看左手食指；右腳腳跟自動向裡回收，隨之右腳落平，屈右膝，體重移於右

圖 45,46

腿；左腿伸直，兩腿形成右弓步式。同時，右掌掌心沿左臂外向右前方移動，移到左掌的中、四指指尖和右掌脈門相貼為度，視線隨右掌食指。意在右掌掌心。（圖 45，46）

感覺：右大腿和小腿發脹、發熱。

用法：如對方用左手向我面部或前胸打來時，我就用左手輕輕一粘他的左手腕，同時身子先向右微微一轉，再向左轉身，同時進右步鎖住對方後腿；右手向前伸，伸到對方的右肋間貼近，隨著就向右方用斜掤勁掤出。這時對方便被我發出很遠或摔倒在地。這是破中平擊來的手法。

第七動　右掌反採：右掌以食指引導走外上弧形線向右、向後方（東北隅）的上方移動，左掌大指撫右臂彎處隨著移動，與此同時，左膝鬆力，身往後坐，右腿舒直，腳跟著地，腳尖翹起，兩腿形成左坐步式。重心集於左腿，視線隨右掌食指。意在右肩井穴。（圖 47）

感覺：左腿發脹，發熱；右手發熱和微有蠕動。

用法：如對方用左手向我頭部打來，我就用右手輕輕一貼他的左小臂的下邊，之後使右腕外旋，手心向上

圖 47

一托，同時上身往後微微一坐，即將對方拿起來了。但須控制對方，叫他重心老處於不穩定狀態為原則。（圖 6-11；6-12）

第八動 左掌前按：左掌離開右臂向右前方（西北隅）處按出，左食指與鼻尖前後對正為度；右掌掌心向上（臂外旋仍使掌心轉向上；兩掌虎口相對。同時，右腳落平，隨之屈膝略蹲，體重移於右腿；左腿伸直、兩腳形成

圖 6-11　　　　　　圖 6-12

右弓步式。視線經左掌食指上方平遠看。意在右掌掌心。（圖 48）

感覺：左右兩掌掌心微微蠕動；右腿發脹、發熱。

圖 48

圖 6-13

用法：此動作與第七動是前後銜接的動作，當右掌旋轉將對方拿起之後，隨之，發左掌擊敵前胸。這是破上邊來手之法。（圖 6-13）

第九動　兩掌內收：兩臂鬆力，右掌向前舒展下落與肩平；左掌斜坡向下移到手大指貼右臂彎處。同時左膝鬆力，往後坐身，重心移於左腿，右腿舒直，右腳向左橫移與左腳成前後直線，腳跟著地，腳尖翹起。同時兩掌向左前移動，身子也微向左轉（面向正西方）。右掌掌心轉向裡與左掌掌心遙遙相對。視線從右掌大指上方向前平遠看。意在右肩井穴。（圖 49）

感覺：前胸特別舒暢、；左腿發熱、發脹。

用法：此動作係用粘、提之暗勁。如對方用左掌擊我胸部時，我先用右臂肘關節貼住他的左肘，並用左掌腕部粘住他的左手腕之後，同時往自身的左後方微微向上一提，即將對方拿起來了，形成待發之勢。（圖 6-14，

6-15）

圖 49

第十動　右掌下採：左掌以食指引導向右上方斜角移動，到右耳外側，手背靠近右耳孔時，右掌以小指引導向左下方移動到左膝前，掌心向左，指尖向下，兩腳的位置不動，重心仍在左腿。眼向前方（正西方）平遠看。意在左掌掌心。（圖50）

圖 6-14

圖 6-15

感覺：左腿發脹、發熱、發酸。

用法：如對方將我右腕攬住時，我就將左掌向右後上方抬起至手背靠近右耳處，這時右臂自然發出一種向

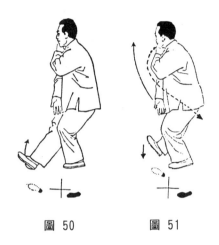

下沉採的力量，即使對身子向前傾斜或栽倒。（圖6-16，6-17）

第 十 一 動

右腳橫移：右腳向右橫移半步，腳跟著地腳尖翹起，重心仍在左腿，兩腳形成左

圖 50　　　　圖 51

圖 6-16　　　　圖 6-17

坐步式，視線轉向右前方（西北方）。意在左肩井穴。（圖51）

　　感覺：左腳如樹植地生根；左大腿發熱、發酸；右掌指尖發脹。

圖 6-18

圖 52

用法：以右腳向右前方邁進半步，目的是鎖住對方之後腿，遇機待發之勢。（圖 6-18）

第十二動　右肩右靠：右掌以食指引導，從肘前部方向向右前方舒展，左掌以食指引導，從肘前部方向向左前方舒展，右膝前弓，到右腳落平時，兩掌在正前方相合，隨即分開，左掌向左後方斜坡下落，右掌則向右前方斜坡上移，以左掌心移到左腳外踝，右掌伸到極度為止。重心在右腳，成右弓步式，視線隨左食指尖，兩掌相合。意在右肩井穴。（圖 52）

感覺：右腿發脹、發熱、發酸，全身力量貫到右肩。

用法：以左手撥開前面的干擾，然後用右肩貼近對方胸肋部之後，馬上回頭，兩眼注視之後，這時，右肩自然產生出很大的勁而使對方接觸後則跌出。（圖 6-19，6-20）

圖 6-19   圖 6-20

第十三動　右腕鬆轉:（與本式第一動相同）。（圖 53，

54 ）

第十四動　左掌斜掤:（同本式第二動）。（圖 55 ）

第十五動　左掌反採:（同本式第三動）。（圖 56 ）

第十六動　右掌前按:（同本式第四動）。（圖 57 ）

圖 53. 54   圖 55   圖 56

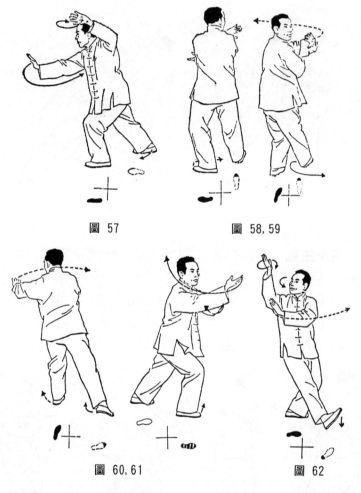

圖 57　　　　　　圖 58, 59

圖 60, 61　　　　　　圖 62

第十七動　　左掌右轉：（同本式第五動）。（圖 58，59）

第十八動　　右掌斜掤：（同本式第六動）。（圖 60，61）

第十九動　　右掌反採：（同本式第七動）。（圖 62）

第二十動　　左掌前按：（同本式第八動）。（圖 63）

七、肘底看錘（二動）

圖 63

〔命名釋義〕此式名稱為術語，以兩掌均變為拳，在肘下的拳為主，也稱看式，指防守的意思，而上面的拳（錘）是攻擊之法，也是處於等待之勢，故取此名。

〔動作圖解〕

第一動　上步按掌：右掌以食指引導向右前斜上方（東南）伸出，到右膝前，右掌在左掌之前上方，同時收左腳，向前伸出成正步，繼續以右掌向左後下方捋到左膝前，左掌往後移到左胯外側，弓左膝成左弓步式。重心在左腳，視線隨右掌食指尖，意在右掌掌心。（圖64，65）

感覺：右掌心與左腳心蠕動。

用法：如對方以左掌向我胸前打來，我則以右掌捋住對方左臂肘部並以左掌刁住左腕，同時上體略微前傾；左右兩掌刁捋其左臂朝身之左側沉採，使對方向前撲跌。（圖7-1，7-2，7-3）

第二動　左肘上提：左腳不動，坐身成右坐步式，左掌漸變為拳，掌心翻而向上，由左肋下向右斜上，經過右臂彎向前上方伸出，以食指中節對正鼻尖為止，掌心向內；同時，右掌變拳向下鬆撒，以拳眼貼於左肘下

圖 64, 65

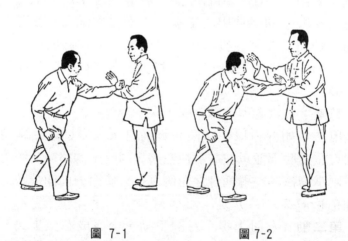

圖 7-1 　　　　　　圖 7-2

為度，重心集於右腳，視線注於左拳食指中節，意在右拳。(圖 66)

圖 7-3

圖 66

感覺：右腿發脹、發熱、發酸。

用法：見對方來手至胸前，即以前手捋其腕部，隨身子後撤而向後下方沉採（這時對方身向前傾斜）。同時以左手從肋間握好拳頭，從胸口往前上方衝擊敵之下

圖 7-4

頦，至肘尖與右手拳眼相觸為度。（圖 7-4）

八、金雞獨立（四動）

〔**命名釋義**〕此式是以一條腿支持體重，而另一腿

圖 67

屈膝提起垂懸不落，形如雞之單腿獨立狀態，故取此名。

〔動作圖解〕

第一動　雙掌滾轉： 兩拳同時鬆開變掌，掌心互相翻轉向左前方移動，右掌伸到左肘下，掌心向下，虎口朝後，左掌心向上，虎口朝前，左腳落平，弓左膝成左弓步式。重心移至左腳，視線注於右掌食指尖，意在左掌掌心。（圖 67）

感覺： 左腿發脹、發熱、兩掌掌心蠕動。

用法： 對方用左拳向我前胸打來，我即用右手腕部（即手心向下虎口朝後）反扣其腕，並以右肘壓其左肘，同時以左手（手心朝上虎口朝前）捏其咽喉。（圖 8-1）

圖 8-1

第二動　右掌上掤： 右掌以食指尖引導貼左臂下，向左前方往上舒伸，領腰長身；當右臂彎向前達到左掌下時，提起右膝，右掌指尖上指，繼續向右轉動。當身轉向正前方時，右掌高舉，掌心向左，指尖向上，左掌指尖下指懸垂於右腳腳跟；身向正東，左腳單腳獨立，

眼向正前方平遠看，意在右膝膝蓋尖。（圖68，69）

感覺：腰部發熱；左腿發酸、發熱、右膝特別有勁。

用法：對方以右掌向我面部打來，我以左手刁捋其右腕，同時以右臂粘住對

圖 68, 69

方右臂外側向上挑伸，與此同時，提起右膝，撞擊對方之下腹部。使用此法要慎重，最好知之而不用為妙。（圖8-2，8-3，8-4，8-5）

圖 8-2　　　　　　　　圖 8-3

圖 8-4　　　　　　　　　圖 8-5

　　第三動　雙掌滾轉：左膝鬆力向下蹲身，右腳下落，
腳跟著地，弓右膝成右弓步式；同時，右掌心向上，虎
口向前，左掌貼於右肘尖外側，掌心向下，虎口向後；
重心在右腳，視線注於左掌食指尖，意在右掌掌心。（圖
70）

圖 70

　　感覺：右腿發脹、發熱；
兩掌掌心蠕動。

　　用法：對方如用右拳向我
前胸打來，我即用左手腕（虎
口）掌心向下反扣其右手腕，
並以左肘壓其右肘，同時以右
手（手心朝上，虎口朝前）捏
其咽喉。

　　第四動　左掌上掤：左掌
以食指尖引導貼在右臂下，向

圖 71, 72

右前方往上舒伸，領腰長身；當左臂彎向前達到右掌下時，提起左膝，左掌指尖上指，繼續向左轉動，當身轉向正前方時，左掌高舉，掌心向右，指尖向上；右掌指尖下指懸垂於左腳腳跟；身向正東，右腳單腳獨立，眼向正前方平遠看，意在左膝膝蓋尖上。（圖 71，72）

　　感覺：腰部發熱；右腿發酸、發熱，左膝特別有勁。

　　用法：對方以左掌向我面部打來，我以右手刁捋其左手腕，同時以右臂伸到對方左臂下面朝上挑伸，與此同時，提起左膝，撞擊對方之下腹部。（習以防身，不用為妙）

九、倒攆猴（十動）

　　〔**命名釋義**〕此式動作是以退為進，將對方所來之直力化為傾斜或使打漩而敗退，則我之勢成追趕之式，故取是名。

　　〔**動作圖解**〕

　　第一動　右掌反按：左肘鬆垂，肘尖虛對左膝，左

圖 73

掌在耳外側（掌心向右），右掌以大指引導，向右膝前方按出（掖掌），掌心向外，指尖向下。視線注於右掌掌根，意在右掌掌心。（圖73）

感覺：腰部發熱、右掌掌心蠕動。

用法：如對方以右掌擊我前胸，我則以右掌掌心由朝上變為朝前，同時手指尖下指，使掌心向外發勁，擊其腹部，但要注意與對右臂相貼住，不離開為要。（圖9-1，9-2，9-3，9-4）

第二動 左掌前按：右掌以大指引導，向左轉摟左膝後鬆垂到右股旁、掌心向下，指尖向前；同時，左腕鬆力變鈎，右膝鬆力向下蹲身。左掌以無名指引導，向

圖 9-1

圖 9-2

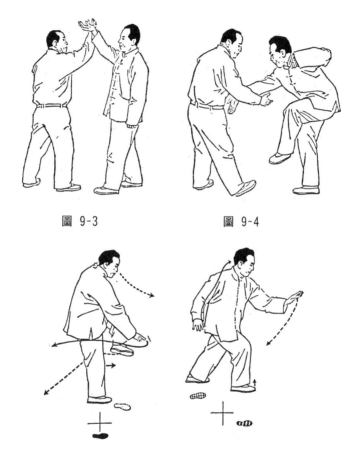

圖 9-3　　　　　　　圖 9-4

圖 74, 75

正前方按出，左腳向後撤，以左腿舒直為度，腳尖先著地（朝向正東），腳跟往外開逐漸落平。右膝弓成右弓步式。重心集於右腳，視線經左掌大指向正前方平遠看，意在右掌掌心。（圖74，75）

圖 9-5

圖 9-6

圖 9-7

感覺：右腿發脹、發熱，兩掌掌心蠕動。

用法：對方以右手抄摟我之左腳時，我則以右手手心粘拧住對方之右手腕向後，向右再向後下採，使對方上身前傾失去重心時，再以左掌擊其面部或左肋，即腋下神經處。（圖 9-5，9-6，9-7）

　　第三動　左掌下按：左腕鬆力，左掌用指尖向右前方舒緩下按，同時，重心後移於左腳，揚右腳尖，左掌掌心與右腳大趾上下相對。同時，右腕鬆力向上提到右耳外側，重心集於左腳，視線注於左掌食指尖，意在右

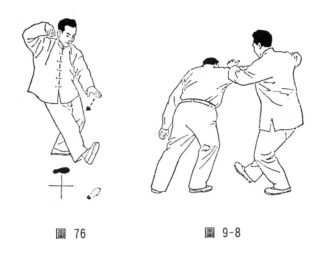

圖 76   圖 9-8

掌掌心。（圖 76）

　　感覺：左腿發脹、發熱，兩掌掌心蠕動。

　　用法：對方以右掌向我面部打來，我則以左掌粘拈其右臂，向前下方按出。同時坐左腿，身往後略撤即可，準備待發之勢。（圖 9-8）

　　第四動　右掌前按：右掌以無名指引導，向前舒伸，同時，視線離開左掌食指尖向左前上方移去；右掌伸到正前方時，立身平看。右膝鬆力，右腳向後撤，右腿舒直，腳尖虛點地，同時，左掌回拈到左膝外側止，掌心向下，右腳跟落平，左膝弓成左弓步式；同時立右掌，掌心向外，指尖向上，重心集於左腳，視線從右掌大指尖上平遠看，意在左掌掌心。（圖 77，78）

　　感覺：左腿發脹、發熱，兩掌掌心蠕動。

　　用法：對方以左掌向我面部打來，我則以左掌刁拈其左手腕，先向右、往後再往己身之左後方，向下沉採，

圖 77, 78

使對方失去重心，上身前傾之際，再以右掌擊其面部或左肋，即腋下神經處。(圖 9-9，9-10，9-11)

第五動 右掌下按：右腕鬆力，右掌用指尖向左前方舒緩下按，同時重心後移於右腳，揚左腳尖，右掌掌心與左腳大趾上下相對；同時左腕鬆力，上提到左耳外側，重心集於右腳，視線注於右掌食指尖，意

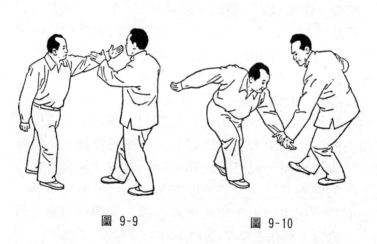

圖 9-9　　　　　　　圖 9-10

在左掌掌心。(圖 79)

感覺：右腳發脹、發熱，兩掌掌心蠕動。

用法：對方以右掌向我面部打來，我即將體重移至

圖 9-11　　　　　　　　圖 79

右腿，身往後略微一撤，同時以右掌掌心粘貼對方擊來
之左臂中部微微向前下方一按，即可將對方按出。

第六動　左掌前按：左掌以無名指引導，向前舒伸，
同時視線離右掌食指，向右前上方移去，左掌伸到正前
方時，立身平看，左膝鬆力，左腳右後撤，左腿舒直，
腳尖虛點地；同時右掌回摟右膝外側為止，掌心向下，
左腳跟落平，右膝弓成右弓步式，同時立左掌，掌心向
外，指尖向上，重心集於右腳，視線從左掌大拇指指尖
上平遠看，意在左掌掌心。(圖80，81)

感覺：右腿發脹、發熱，兩掌掌心蠕動。

用法：對方以右掌向我面部打來，我則以右掌刁住
其右手腕先向左，之後再往身之右後方，向下沉採，使
對方失去重心，上身前傾之際，再以左掌擊其面部或右
肋等部。

第七動　左掌下按（同本式第三動）

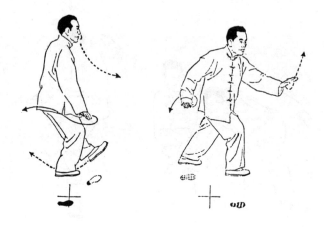

圖 80, 81

第八動 右掌前按（同本式第四動）

第九動 右掌下按（同本式第五動）

第十動 左掌前按（同本式第六動）

十、斜飛式（四動）

〔命名釋義〕此式的兩臂分合閉張等動作，好像大鵬展翅，斜行飛翔於上空，故取此名。

〔動作圖解〕

第一動 左掌斜掤：左掌以小指引導，掌心向左前上方斜轉，右掌掌心向右後下方，腰微向下鬆。重心仍在右腳，視線注視左掌食指尖，意在右掌掌心。（圖82）

感覺：右腿發脹、發熱。

圖 82

圖 10-1　　　　　　　圖 10-2

　　用法：如對方以右手打我左面的嘴巴，我則以左掌
掌心粘截其臂彎處，用此法時要注意左掌不可用力向外
推，而應用意使右掌朝右後下方（與左右兩腳成三角形）
按地向後撐。（圖 10-1，10-2）

　　第二動　　左掌下捋：左掌以小指引導走左外下弧形
線，向右移到右膝前為度，掌心向右，指尖向下，右掌
以食指引導走外上弧形線向左移到左耳外側為度，掌心
向左，指尖向上。重心仍在右腳，視線向正前方平遠看，
意在右掌掌心。（圖 83，84，85）

　　感覺：右腿發脹、發熱、發酸，兩掌掌心蠕動。

　　用法：接上動，如對方復以左掌打我右嘴巴，我即
以右掌將其左肘托起向左前上方移到手背和左耳貼近為
度；同時左掌粘其右臂，向右後下方移動，使手背貼近
右膝外側為度。（圖 10-3，10-4）

　　第三動　　左腳前伸：左膝鬆力，左腳向左前方（東

圖 83, 84, 85

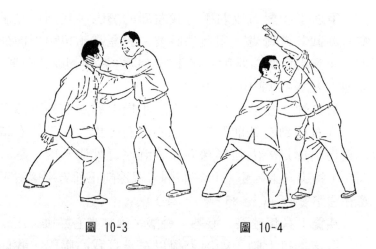

圖 10-3   圖 10-4

北隅）伸出，腳跟著地，成右坐步式（隅步）。重心仍在右腳，視線注視左前方，意仍在右掌掌心。（圖86）

　　感覺：右腿加重發熱、發脹。

　　用法：接上動，當對方用左右手打我的左右嘴巴，而

圖 86

圖 10-5

被我以右手上托和左手下捋之手法，將其鎖拿住不能動轉時，再將左腳向左前方邁進一步，鎖住對方的後腿。（圖 10-5）

第四動　左肩左靠：兩肘鬆力，右掌以小指引導向右下垂，左掌以食指引導向左上提，左腳落平，兩掌心虛合，弓左膝，兩掌分開，左掌向左前上方移動，以腕與肩平為度，掌心斜坡向內；同時，右掌向右後下方虛採，以掌心遙與右腳外踝相對為止。重心集於左腳，成左弓步式（隅步），視線注視左掌食指尖，意在左掌掌心。（圖 87）

感覺：左腿發脹、發熱，兩掌掌心蠕動。

圖 87

用法：接上動，當對方的手腳（即四肢），全部已被我鎖住不能擺脫之際，我即將兩臂向左前、右後方分開，同時弓膝成左弓步，而形成斜行

圖 10-6　　　　　　　　圖 10-7

飛翔勢，這時對方則應手跌出。（圖 10-6，10-7，10-8）

十一、提手上式（四動）

〔命名釋義〕此式動作是以手臂上起如提重物狀，故取此名。

〔動作圖解〕

圖 10-8

第一動　半面右轉：視線離開左掌食指尖向右前方移動，同時身向右轉，面向正南，身向後坐，成左坐步式，同時，左腳尖向右轉（腳尖向東南）；與此同時，右掌向左上方移動，至

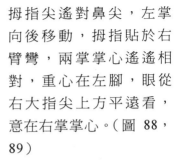

圖 88,89

拇指尖遙對鼻尖，左掌向後移動，拇指貼於右臂彎，兩掌掌心遙遙相對，重心在左腳，眼從右大指尖上方平遠看，意在右掌掌心。（圖 88，89）

感覺：左腿發脹、發熱，兩掌掌心蠕動。

用法：如對方以左掌向我面部打來，我則以左掌粘其左腕並用右肘粘其左肘，這時身子微微向右轉動，同時，收腹，身往後略微一動，便會把對方提拿起來。（圖 11-1，11-2，11-3）

圖 11-1

第二動 左掌打擠：右腳漸向下落平，右膝弓出成右弓步式，左腿舒直成箭步，同時，左掌以掌心向前推出，右掌以小指尖引導向下鬆，肘尖卻向上移，以指尖與肘尖橫平為度，此時右掌的掌心向內，指尖向左，而左掌則推在右腕脈

圖 11-2　　　　　　　圖 11-3

圖 90

門處打擠，掌心向外，指尖向上，食指尖遙對鼻尖，眼從左掌食指上方向前平遠看，重心集於右腳，意在左掌掌心。（圖 90）

感覺：全身力量由腳而腿而腰，達於脊背，行於手指，並覺氣勢完整一體。

用法：接上動，我以右臂屈成 90 度，使右手背與對方前胸相觸後，隨即以左手扶右手脈門處，一同向前擠出，同時脊背微微向後一倚，兩眼向前平遠看。這時對方則被擠出很遠。（圖 11-4，11-5）

第三動　右掌變鉤：右掌五指聚攏變鉤，向前上（微偏右）提，身隨腕而上長，左腳虛淨隨身之上長而收至

圖 11-4　　　　　　　　圖 11-5

與右腳相齊，同時左掌下按，至大指橫貼於臍下為止。視線與意均在右腕。（圖91）

感覺：當五指聚攏時，右小腿之緊張，猶如汽車踩剎車踏板之感，右掌掌心蠕動。

用法：如對方以右拳擊我前胸，我則以左掌掌心向下，粘住對方之右小臂，向下沉，同時將右手的五指微鬆，形成虛鉤，然後以右手腕部向其下頷提擊。（圖11-6）

第四動　右鉤變掌：右鉤上提，以小指引導漸向上翻轉變掌，掌心向外前上方，指尖斜向左上方，眼從右掌食指尖上面仰視遠方。重心仍在右腳，意在左掌掌心。（圖92）

圖 91

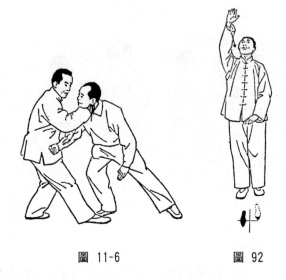

圖 11-6   圖 92

感覺：胸部舒暢，兩掌掌心發熱、蠕動。

用法：接上動，當我用右手腕提擊對方之下頜時，而對方略微向後移動，則化開了我的腕打。這時，我即順勢將右鈎變成掌，使掌心翻轉向上，仍追其下頜向上掤勁。（圖 11-7）

圖 11-7

十二、白鶴亮翅（四動）

〔命名釋義〕　此式動作之運轉形勢，有如鶴之展翅，故取此名。

〔動作圖解〕

第一動　俯身按掌：視線注視右掌食指尖，逐漸向前俯身，俯至右掌（掌

心向外）與肩相平時，視線改為注視左掌食指尖，左掌向下按至極度為止。俯身時兩腿直立膝部不彎曲。重心平均在兩腳，意在左掌掌心。（圖93）

感覺：兩腿膕窩肌腱抻得發酸疼，兩掌掌心發熱。

用法：接上動，當我以右掌向上托對方下頜，沒托著落了空，隨之，上體微向前俯身，同時以右掌掌心從上向前、向下撲按對方之面部。（圖12-1）

圖93

第二動　向左扭轉：右膝鬆力，左指尖下垂（視線仍在左掌食指），以大指引導掌心向左翻轉，而逐漸向外轉至正東到左腳心外側為度。視線移於左掌中指尖，同時右掌亦隨上身轉向正東，掌心向外。重心集於左腳，意在左掌掌心。（圖94）

感覺：兩肋舒張，掌心蠕動，左腿膕窩發熱、發脹、發酸。

用法：如對方從我身之左側以右掌擊

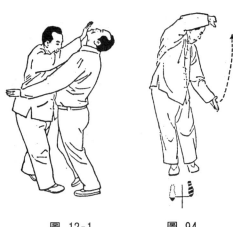

圖12-1　　　　**圖94**

圖 12-2　　　圖 12-3　　　圖 12-4

我面部或摟我脖頸時，我則向左扭轉身軀；同時以右掌
由對方的右臂下面抄起，使右腕粘其腕部，不可脫離為
要。（圖 12-2，12-3，12-4）

　　第三動　　左掌上掤：左掌中指引導向外舒伸到極度，
左臂自動上起，左掌升至頭頂以上向右前上方轉正（仍
向正南），同時右掌隨而轉正。兩掌掌心向外，十指均上
指。眼由兩掌中間向前上方仰視。重心仍在左腳，意在
兩掌掌心。（圖 95，96）

　　感覺：兩肋部特別舒暢，兩掌十指指尖發脹、發熱。

　　用法：接上動，當我以右手腕粘住對方之右腕，保
持姿式不變，同時，將左臂緊貼對方右臂外側向上抬起，
抬到左肘略高於對方之右肘上面為度。（圖 12-5）

　　第四動　　兩肘下垂：兩膝鬆力，漸向下蹲身，肩、
肘、腰、胯各部均鬆力，兩肘尖漸漸下垂，兩掌漸隨肘
落而向內轉至兩腕與肩平，掌心轉向內為止。重心平均

圖 95, 96　　　　　　　圖 12-5

在兩腳，眼從兩掌中間平遠看，意在兩掌指尖。（圖 97）

感覺：全身輕鬆舒適，兩掌掌心發熱，指尖發脹。

圖 97

用法：接上動，我之左肘與對方之右肘上下相貼時，隨即左臂內旋使掌心轉向後方，同時右手粘住對方之右手腕，手掌隨轉隨向上伸，右肘同時下沉，使掌心轉向後方，與此同時，屈膝略蹲。這時對方右肘，被我滾肘下壓而匍伏在地。（圖12-6）

十三、海底針（四動）

〔命名釋義〕此式以手指喻為

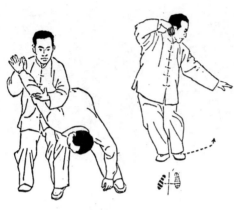

金針而點刺對方
之腋下神經（海
底穴），故取此為
名。

〔動作圖解〕

第一動 左掌
下按：左掌以小
指引導向左前下
方按出，此時掌
如扶物，以左臂
舒直為度，同時

圖 12-6　　　　圖 98

右腕鬆力，腕在右耳旁，掌心向下，指尖向前，上身隨
視線（看左掌食指尖之轉動而向左轉）重心集於右腳，
視線不離左掌食指尖，意在左掌掌心。（圖 98）

感覺：右腿發脹、發熱，兩掌掌心蠕動。

用法：如對方想
用右腿踢我左腿，待
其剛剛提膝時，我即
以左掌掌心輕輕扶在
其右膝蓋上面，但不
可用力去按，如果對
方右腿還要使勁硬踢
的話，那麼他自己便
會倒退出去很遠。（圖
13-1）

圖 13-1

第二動 右掌前

圖 99　　　　　　　圖 100

按：左腳向左前移半步（面向正東）腳跟先著地，腳尖逐漸落實，弓左膝成左弓步式；同時，右掌自右耳旁以無名指引導向正前（正東）按出，掌心向外，大指遙對鼻尖，同時右腳跟微向外開，左掌在左膝外側。重心集於左腳，眼經右大指上方平遠視，意在右掌掌心。（圖 99，100）

感覺：左腿發脹、發熱，兩掌掌心蠕動。

用法：見對方右腳向我腿部踢來落實而剛剛落地之際，我急進左步，以左膝外側貼其右膝內側，同時，以右掌奔向其面部或前胸推出，則對方應手而跌出。（圖 13-2）

第三動　右掌前指，身向後坐，重心移於右腳成右

圖 13-2

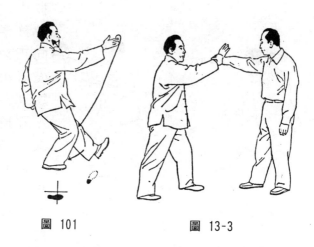

圖 101   圖 13-3

坐步式，同時，右腕鬆力，右掌指尖前指，掌心向左。
視線從右掌大指尖上方正前平遠看，意在右掌掌心。（圖
101）

　　感覺：右腳如樹植根，右掌心與左腳心蠕動。

　　用法：如我之右手腕被對方捋拽時，我即隨其拽勁，
將右臂和腕部放鬆，
並以手指指尖向前舒
伸，同時上體微微後
倚，尾骶骨對正右足
跟向下坐身，這時對
方反被我拽起。（圖
13-3，13-4，13-5）

圖 13-4

　　第四動　右掌下
指：鬆腰、右掌腕部
鬆力，指尖漸向兩膝

圖 13-5　　　　　　圖 102

間下指，掌心向左，指尖向下；左掌以食指引導斜右上，
食指尖到右耳外側為度，掌心向右，指尖向上，同時左
膝鬆力，左腳撤到右腳外側，腳尖虛著地。重心仍在右
腳，視線向正前平遠看，意在右掌掌心。（圖102）

感覺：右腿發脹、發熱、發酸。

圖 13-6

用法：接上動，
當我的右手腕被對
方以右手拽住時，
我即將右手腕放
鬆，使手指尖向下
引伸，含有插入地
中之意，同時屈膝
略蹲，並以左掌往
前伸出點刺敵之肋
下神經。（圖13-6）

十四、扇通背（臂）（二動）

〔命名釋義〕此勢名稱係象形動作。即將自己腰（脊椎）比喻為折扇之扇軸，兩臂比喻為扇幅，所以腰一轉動而兩臂橫側展開，猶如折扇之突然放開與突然收合一般，故取是名。

〔動作圖解〕

第一動 兩臂前伸：重心不動，右掌以食指尖引導漸向前上方移動，以臂與肩平為度，掌心向左，左掌由右耳側移至右臂下，以掌心順右臂向前伸長；同時，右掌掌心漸翻向下，與左掌掌心虛相合。視線注於右掌食指尖，意在右掌掌心。（圖103，104）

感覺：右腿發脹、發酸。

用法：如對方以右拳向我前胸打來，我則以右掌粘其右肘外側，向上擎起，高過頭頂，同時，上身微微向右一轉，再將左腳向前邁進一步，使左大腿貼近對方的右大腿，這時，對方已被我拿起來。（圖14-1，14-2）

第二動 左掌前按：伸左腳，腳跟虛著

圖 103, 104

圖 14-1　　　　　　圖 14-2

地，腳尖向右轉（腳尖向正南）落平，兩掌分開，左掌
以食指引導向左前方按出，掌心向外，指尖向上；右掌
與左掌分開後，亦以小指引導向右後上方掤去，右肘彎
曲，右掌食指斜指右眉梢，同時，鬆腰向下蹲身，右腳
向左轉成騎馬步式。重心在兩腳，視線從右掌食指尖上
方平遠看，意在左掌掌心。（圖 105）

圖 105

感覺：前胸舒暢，兩腳
如樹植地生根，特別有勁。

用法：接上動，當我以
右掌把對方的右臂架起和左
腳鎖住對方後腿，然後，坐
身蹲成馬襠步並以左掌進擊
其右肋下或胸部。（圖 14-3）

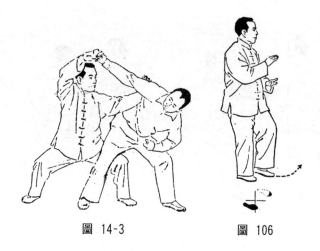

圖 14-3　　　　　　圖 106

十五、左右分腳（十二動）

〔**命名釋義**〕此式所謂分腳，即指腳踢出時，要求
腳背繃平，腳尖挑起而左右分踢之意，故取此名。

〔**動作圖解**〕

第一動　兩掌虛合：左掌以小指引導向下往回收撤，
掌心轉向上，胸前為止；右掌鬆力，向前下落到胸前，
臂與肩平，掌心向下與左掌虛對（上下距離六寸），同時，
長腰立身，收左腳（腳跟約離右腳一寸），腳尖虛著地，
成虛丁步。重心集於右腳，視線注於右掌食指尖，意在
右掌掌心。（圖 106）

感覺：右腿發熱，兩掌掌心發熱而蠕動。

用法：如對方以右拳向我前胸打來，我則以左掌掌
心向上使虎口粘住對方的右手腕，同時在自己意識當中
應把對方的右臂比喻為馬的韁繩看待，這樣容易掌握自

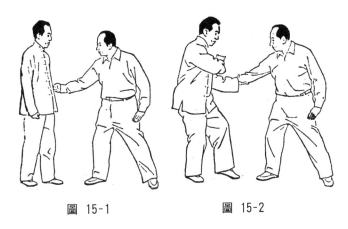

圖 15-1　　　　　圖 15-2

己的重心穩固和對方的重心的虛實變化。（圖 15-1，15-2）

　　第二動　兩掌右伸（左高探馬）：右膝鬆力，向下蹲到極度，左腳向左前方伸出，腳跟先著地，逐漸落平，右掌繼續走外弧形移到右前方為止，右掌在外，掌心向下，左掌在右臂彎處，掌心向上。重心集於左腳，視線注視右掌食指尖，意在右掌掌心。（圖107，108）

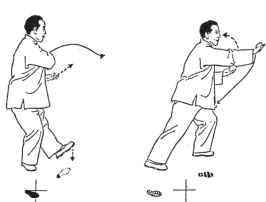

圖 107, 108

　　感覺：左腿發脹、發熱，左掌心與右腳

圖 15-3

心蠕動。

用法：接上動，我將對方打來的右拳。用左掌（掌心向上）反粘其右腕，同時向左前方邁進一步，並以右掌（掌心向下）朝對方右肩靠近脖頸輕輕一敷。這時，對方重心已失，身子傾斜。（圖15-3）

第三動 右掌回捋：右掌以小指引導走內弧形，漸向左下方移動，以手背貼在左膝蓋左側為止，掌心向左。同時左掌以食指引導漸向右上方移動，到右耳外側為止，掌心向右。當右掌移到兩膝中間時，右腳腳跟向右開成左弓步式（隅步）。重心仍在左腳，視線注視右掌食指尖，意在右掌掌心。（圖109）

感覺：左腿發脹、發熱、發酸，右膕窩肌腱拽得酸痛。

用法：接上動，當我右掌輕輕一敷對方之右肩，然後經後脖頸繞至左肩，再向左後下方回捋，使手背貼在左膝外側。與此同時，左掌向右上方走弧形托其右腕（保持不離開），便左手背靠右耳。這時，對方已被我拿得形成頭朝下，腳朝上的狀態或滾倒在地。（圖15-4）

第四動 兩掌交叉：右掌以大指引導，掌心先轉向內，由下向上方移動。掌心復漸轉向外，走上弧形，繼

續向左前（東
北隅）方移動，
到腕與肩平為
止，同時左掌
以食指引導漸
向左上方移動
到左前方與右
腕交叉，右掌
在外，左掌在
內，掌心均向
外，重心仍在

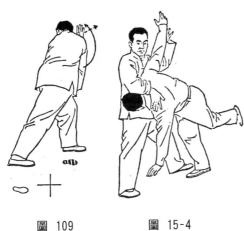

圖 109　　　　圖 15-4

左腳，視線由交叉的兩掌中間平遠看，意在右掌掌心。（圖
110）

感覺：兩肋伸展舒暢，兩掌食指指尖發脹、發熱。

用法：如對方發右掌向我頭部打來，我則以左掌刁

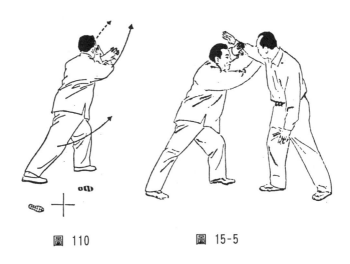

圖 110　　　　圖 15-5

採其右腕，然後右掌從對方右臂外側的下面往上抬起，和左掌交叉搭成十字狀，架住對方之右臂，使它不能落下為度。(圖15-5)

第五動 兩掌高舉：兩掌以小指引導，同時向左前上方舉過頭頂；同時身隨臂起，右膝提起（右膝蓋與胯平），右腳垂懸，左腳獨立，視線由交叉兩腕下方平遠看，意在右掌掌心。(圖111)

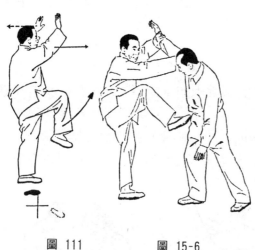

圖111　　　　圖15-6

感覺：左腳似植地生根，兩掌指尖發熱、發脹。

用法：接上動，兩掌舉過頭頂，架住對方右臂，同時提起右膝，以備待發。(圖15-6)

第六動 兩掌平分：兩掌以指尖引導，走上弧形，向右前、右後斜角分開，以掌與肩平為度，右掌掌心向左，指尖向前（東南隅）左掌掌心向右，指尖向後（西北隅），同時右腳向右前方踢出，腳面繃平，腳尖上挑，與右臂上下成平行直線。重心在左腳，視線注於右掌大指尖，意在左掌掌心。(圖112)

感覺：左腳五趾抓地，右腳力貫腳尖，兩掌掌心發

圖 112　　　　　　　圖 15-7

熱。

　　用法：接上動，使右臂架住對方之右臂不可脫離；同時，左掌向左後方伸展，這時，右腳則自動地會向前點踢敵之前胸或右肋等部位。（圖 15-7）

　　第七動　兩掌虛合：左膝鬆力，鬆腰蹲身，右腳跟著地成左坐步式，同時兩肘鬆力，右掌以小指引導向右後方往下反挒，到手背接近右膝上方為止，掌心向上，指尖向左；左掌以食指引導向右前方虛接到右掌之上方為止，掌心向下，指尖向右，兩掌上下相對。與兩掌移動之同時，漸弓右膝成右弓步（隅步）。重心在右腳，視線先注視右掌食指，及左掌與右掌虛合時，注視左掌食指尖，意在左掌心。（圖 113）

　　感覺：右腿發脹、發熱、兩掌掌心發熱和蠕動。

　　用法：對方以左掌向我前胸打來，我則以右掌（掌

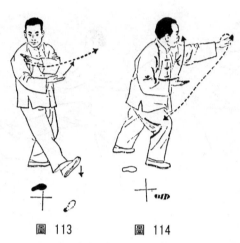

圖 113　　　圖 114

心向上）反粘住其手腕。這時，在意識上應把對方的左臂比喻成馬的繮繩看待。

第 八 動

兩掌左伸（右高探馬）。左掌繼續走外弧移到左前方為止，左掌在外，掌心向下，右掌在左臂彎處，掌心向上，重心寄於右腳，視線注於左掌食指尖，意在左掌掌心。（圖 114）

　　感覺：右腿發脹、發熱，右掌掌心和左腳心蠕動。

　　用法：接上動，在我將對方打來的左拳以右掌粘住其手腕之同時，向右前方邁進一步，並以左掌（掌心向下）朝對方左肩靠近脖頸輕輕一扶。這時，對方的身子傾斜，已失掉了重心。

　　第九動　　左掌回捋：左掌以小指引導走內弧形漸向右下方移動，以手背貼在右膝蓋右側為止，掌心向右；同時，右掌以食指引導漸向左上方移動到左耳外側為止，掌心向左。當左掌移到兩膝中間時，左腳腳跟向左開成右弓步式（隅步）。重心仍在右腳。視線注於左掌食指尖，意在右掌掌心。（圖 115）

　　感覺：右腿發脹、發熱、發酸，左腿膕窩肌腱伸張

圖 115　　　圖 116

微有酸痛。

　　用法：接上動，當我左掌輕輕一扶對方之左肩，然後經後脖頸繞至右肩，再向右後下方回捋，將手背貼在右膝外側。同時右掌由右向左上方走弧形托其左腕，將左手臂靠近左耳。這時，對方已被我拿得形成頭朝下，腳朝天的狀態或滾倒在地。

　　第十動　兩掌交叉：左掌以大指引導，掌心先轉向內、由下向上方移動、掌心復漸轉向外，走上弧形，繼續向右前（西南隅）方移動，到腕與肩平為止；同時右掌以食指引導漸向右上方移動到右前方與左掌交叉，左掌在外，右掌在內掌心均向外。重心仍在右腳，視線由兩掌交叉中間平遠視，意在左掌掌心。（圖 116）

　　感覺：兩肋伸展舒暢，兩掌十指指尖發脹、發熱。

　　用法：如對方發左掌向我頭部打來，我則以右掌刁採其左腕，然後以左掌由對方左臂外側的下面往上抬起，和右掌交叉搭成十字狀架對方之左臂，使它落不下來為度。

　　第十一動　兩掌高舉：兩掌以小指引導，同時向右前上方舉過頭頂；同時身隨臂起；左膝提起（左膝蓋與

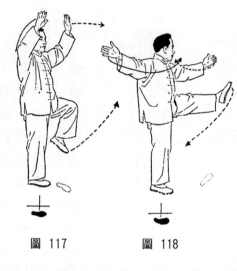

胯平），右腳
獨立，視線
由交叉兩腕
下方平遠
看，意在右
掌掌心。（圖
117）

感覺：
右腳如植地
生根，兩掌
指尖發脹、
發熱。

圖 117　　　圖 118

用法：接上動，兩掌高舉過頭頂，始終保持架住對
方的左臂，既和它不脫離，又不叫它落下來，同時，提
起左膝準備待發。

第十二動　兩掌平分：兩掌以食指尖引導，走上弧
形，向左前，右後斜角分開，以掌與肩平為度。左掌心
向右，指尖向前（東北隅）；右掌掌心向左；指尖向後（西
南隅），同時，左腳向左前方踢出，腳面繃平，腳尖挑起，
與左臂上下成平行直線。重心在右腳，視線注於左掌大
指尖。意在右掌掌心。（圖118）

感覺：右腳五趾抓地、左腳力貫腳尖，兩掌掌心發
熱。

用法：接上動，我使左臂架住對方之左臂不可脫離；
同時，右掌向右後方伸展，這時，左腳則自動地會向前
點踢敵之前胸或左肋等部位。

十六、轉身蹬腳（四動）

圖 119

〔**命名釋義**〕此式從前方往左轉向後方，轉成一百八十度（以是單腳支撐體重，屬於平衡動作），然後把腳蹬出，故取是名。

〔**動作圖解**〕

第一動　兩拳交叉：左膝鬆力，左腳懸垂，兩臂鬆力，各以小指引導向前合，逐漸變為拳，到正前方兩拳以腕部左右交叉，左拳在外，右拳在內，重心仍在右腳，視線從兩拳中間平遠看，意在左拳。（圖119）

感覺：右腿小腿肌腱緊張，變增強有勁，兩肋舒暢。

用法：接上動，如對方以右手持住我之左手腕或向我面部打來時，我則以兩掌變為兩拳，屈臂、沈肘，同時使兩臂內旋，然後交叉十字，停於胸前，這時左腳屈膝垂懸不落。這時對方已被我將他拿起來了。（圖 16-1，16-2）

第二動　提膝轉身：左轉往左後上提（膝與胯平），以右腳腳跟為軸，向左後方轉身（西北隅），右腳尖也轉向西北，兩拳交叉不變。重心仍在右腳，視線由兩拳中間平遠看。意在右拳。（圖120）

感覺：兩肋舒鬆暢通，脊背和腰部有勁，並且顯著身輕。

圖 16-1　　　　　　　　　圖 16-2

圖 120

　　用法：如對方自身後以右掌向我頭部打來時，我則急忙向左轉換身形。這時，在意識上要特別注意自己的重心的穩定性，以便於動作的變化自如為要。（圖 16-3，16-4）

　　第三動　兩掌高舉：兩臂鬆力，兩拳往前上方伸舉，翻轉而變為掌（指尖向上）。掌心均向外。重心仍在右腳，意在左掌。（圖 121）

感覺：右腿發脹、發熱，兩掌十指指尖發脹、發熱。

圖 16-3　　　　　圖 16-4

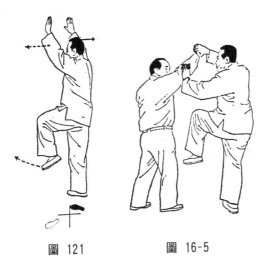

圖 121　　　　圖 16-5

用　法：

接上動，在我轉過身來。急忙用右手黏住敵之右手腕。保持黏住不可脫離。同時，左臂和右臂往上抬起，再左右兩掌架住敵之右臂，以備待發。（圖 16-5）

第四動　兩臂平分：兩掌以指尖引導，走上弧形向

圖 122　　　　　　圖 16-6

左前、右後斜角分開，以掌與肩平為度。左掌掌心向右，
指尖向前（西南隅），左掌掌心向左，指尖向後（東北隅），
同時左腳向左前方蹬出，與左臂上下成平行直線。重心
在右腳，視線注於左掌大指。意在右掌掌心。（圖122）

　　感覺：右腳五趾抓地；左腳力貫腳跟，兩掌掌心發
熱。

　　用法：接上動，當我兩掌高舉之後，再用右手黏住
敵之右腕往後牽引，並以左掌劈擊敵之面部。同時發左
腿，以左腳腳跟照定敵之右胯骨處蹬之，使其跌出很遠。
（圖16-6）

十七、進步栽錘（六動）

　　〔**命名釋義**〕此式以拗步前進，右拳猶如握一樹苗，
往左腳前方設想之深坑向下栽植，故取此名。

〔動作圖
解〕

第 一 動

左掌下按：
右膝鬆力，
鬆腰蹲身，
左腳下落，
腳跟著地成
右坐步式，
左掌隨左腳
之下落而下

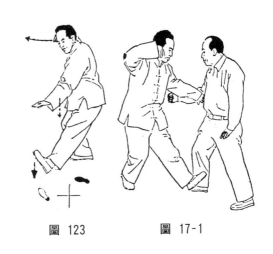

圖 123　　　　　圖 17-1

按；同時，鬆右腕，虛提到右耳外側。重心在右腳，視線隨左掌食指，意在左掌掌心。（圖 123）

　　感覺：右腿發脹、發熱、右掌心與左腳心蠕動。

　　用法：對方如用右順步衝拳朝我前胸打來，我則以左掌截其右臂中節，然後進左步向其襠內落下，以腳跟著地，腳尖翹起，重心在右腿，同時提右手腕使虎口與右耳孔對正，準備發招。（圖 17-1）

　　第二動　右掌前按：左腳尖逐漸落實，弓左膝成左弓步式，同時，右掌從右耳旁以無名指引導向前（正西）按出，掌心向外，大指指尖遙對鼻尖；同時右腳跟微向外開，左掌在左膝外側，掌心向下，指尖向前。重心集於左腳，視線經右大指尖上方平遠看，意在左掌掌心。（圖124）

　　感覺：左腿發脹和酸、熱，兩掌掌心蠕動。

　　用法：接上動，在我以左掌沈採對方之右臂彎處之

圖 1.24 　　　　　　　　圖 17-2

際，同時以右掌向對方面部按出。這時左腳落平、屈膝，後腿伸直形成左弓步，對方則應手而跌倒出去。（圖 17-2）

第三動　右掌下按：右掌以食指尖引導向前下按至左膝前為止。同時，左腕鬆力，上提至左耳旁。重心仍在左腳，視線在右掌食指尖，意在右掌掌心。（圖 125）

圖 125

感覺：左腿發熱、發脹。

用法：對方如用左順步掌向我面部打來，我則以右掌按住對方之左臂彎處，同時進右步鎖住對方左腿；提起左掌靠近左耳旁。以備發招。（圖 17-3，17-4）

第四動　左掌前按：抬頭，視線逐漸向前平看，提頂、立腰、虛右腳跟，鬆右膝，右腳向前邁

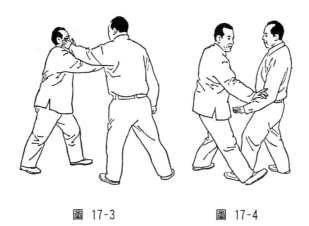

圖 17-3　　　　　　　圖 17-4

出，落平成右弓步式；同時，左掌向前按出，掌心向外，大指尖遙對鼻尖，同時，左腳跟微向外開，右掌在右膝外側，掌心向下，指尖向前。重心集於右腳，眼經左大指尖上方平遠視，意在右掌掌心。（圖126）

　　感覺：右腿發熱和酸、脹，兩掌掌心蠕動。

　　用法：接上動，當我用右掌採住對方之左臂之際，同時發左掌向對方面部擊按，這時右腳也隨之放平、弓膝，左腿在後伸直，形成右弓步，對方則應手倒出很遠。（圖17-5）

　　第五動　左掌下按：左掌以食指引導向前下按至右膝前為止，同時，右腕鬆力，向上提至右耳旁。重心仍在右腳。視線注於左掌食指尖，意在左掌掌心。（圖127）

　　感覺：右腿發脹、發熱。

　　　用法：對方如用右順步掌朝我面部或胸部打來，我則以左掌按住對方之右臂彎處，不可離開為要，同時進左步鎖住對方之右腿，隨之提起右掌靠近右耳，準備

圖 126

圖 17-5

發招。

　　第六動　右拳下栽：抬頭，視
線逐漸向前平視，提頂立腰，虛左
腳跟，鬆左膝，左腳向前邁出，腳
跟先著地，然後腳掌逐漸落平成左
弓步式，同時左拳摟膝後，右掌變
拳隨左膝之前弓而向下方伸到左腳
前為止，拳眼向後，左掌虛貼右臂
（腕後肘前）。重心在左腳，視線注
於右拳食指中節，意在右掌拳面。（圖
128）

圖 127

　　感覺：左腳發脹、發熱、發酸。

　　用法：如對方以右拳擊我面部時，我則以右手
順其來勢反握其右腕，並以左手扶其右臂彎處，兩手同
時微作內旋動作，使其臂腕彎曲貼近右肩時，邁進左步，

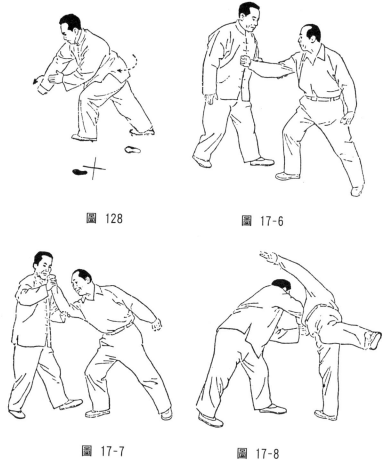

圖 128　　　　　　　　圖 17-6

圖 17-7　　　　　　　　圖 17-8

再握其右腕向左足前往下栽植，這時對方則應手跌倒，翻滾在地。（圖 17-6，17-7，17-8）

十八、翻身撇身錘（二動）

〔命名釋義〕此式指身體由前往後轉 180 度，用兩

臂之錘、掌所產生的離心力，即向外拋出之形態而言，故取此名。

〔動作圖解〕

第一動 右拳上提：右拳向前往上舒長，拳眼漸漸翻轉向下，右拳提高過眼時，左腳以腳跟為軸，腳尖向右轉至正北。右肘鬆力，以肘尖引導向右後方轉去，身隨臂轉向正東。重心在左腳，右腳跟虛起，當左掌隨右掌提至正北時，左掌心撫在右肘彎上，繼續隨轉，視線先注視右拳，轉向正北時注視右肘。意在右肘尖。（圖 129，130）

感覺：左腿發脹、發熱、發酸，右肘尖有勁，背脊發熱。

圖 129, 130

用法：如對方自我身後撲來，我急轉身，同時屈肘以肘尖擊其胸肋部。另一用法是：對方以右拳朝我迎面打來，我則以右手採其右腕（使其掌心向上），左手輔佐之，同時以左肩緊貼其右肋下（作支點），隨繼向右方轉身，重心仍在左腿，左腳尖虛沾地面

圖 18-1　　　　　　　圖 18-2

。（圖 18-1，18-2）

　　第二動　　右肘下採：右腳跟向左收正，向右橫開（正步），腳跟著地，弓右膝成右弓步式，右拳隨之下垂與膝蓋平，拳眼向上，左掌掌心撫在右拳拳眼之上。重心在右腳，視線先隨左掌食指尖，前腳落平時，弓右膝，抬頭平遠看，意在右拳。（圖131，132）

圖 131, 132

　　感覺：右腳發脹、發熱，左腿膕窩肌腱抻得酸痛。

　　用法：接上動

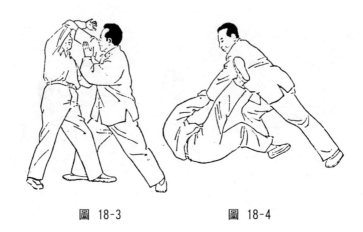

圖 18-3　　　　圖 18-4

，右腳向右橫開半步，同時兩手採其右腕向前往下沈採。
這時，重心移至右腿。此時，對方之右臂由於彆住勁，
只有隨捋而跌出。否則，一較勁，其臂會折斷。（圖18-3，
18-4）

十九、二起腳（六動）

〔命名釋義〕此式指左右兩腳逐步連續起落而言，
故取是名。

〔動作圖解〕

第一動　翻掌出步：左掌以小指引導循右拳外面向
下翻轉，掌心向上，右拳心微轉向下。與左掌掌心虛對，
左膝鬆力，左腳向左前伸出，腳跟著地成右坐步式（隅
步），重心在右腳，視線注於右拳食指中節，意在右拳。
（圖133，134）

感覺：右腿發脹、發熱，左掌心和左腳心蠕動。

用法：如對方將我右手腕攬住時，我則以左手按其

圖 133, 134

手背作內旋沈採。同時右拳鬆開變掌黏其手指，作外旋上掤（此為擒拿手法，名叫白蛇吐信），同時邁出左步，含有踹其脛骨之意。（圖 19-1，19-2，19-3，19-4）

第二動　兩掌右伸：左腳逐漸落平，弓左膝成左弓步式。

圖 19-1　　　　　圖 19-2

同時，右拳鬆開變掌，繼續走外弧形移到右前為止，右掌在外，掌心向上。重心集於左腳，視線注於右掌食指尖，意在右掌掌心。（圖 135）

感覺：左腳發脹、發熱，左掌心與右腳心蠕動。

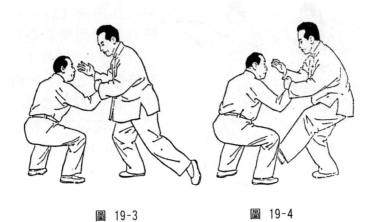

圖 19-3　　　　　　　　圖 19-4

圖 135

用法：接上動，我以左掌將對方之右手往外支開。同時右掌（掌心向下）伸向對方右肩靠近脖頸輕輕一扶。這時，對方之身體重心已傾斜，處於不穩之狀態。（圖 19-5，19-6）

第三動　右掌回捋：右掌以小指引導，走內弧形，漸向左下方移動，以手背貼在左膝蓋左側為止，掌心向左；同時，左掌以食指引導，漸向右上方移動到右耳外側為止，掌心向右。當右掌移到兩膝當中時。右腳腳跟向右開成左弓步式（隔步），重心仍在左腳，視線注於右食指尖，意在右掌掌心。（圖 136）

圖 19-5　　　　　　　　圖 19-6

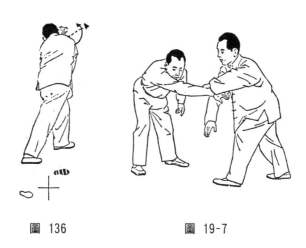

圖 136　　　　　　　　圖 19-7

感覺：左腿發脹、熱、酸。右腿膕窩肌腱抻得酸痛。

用法：接上動，我以右掌從對方之後肩經後脖頸繞至左肩，再向左後下方回捋，將右手背貼在左膝外側。

與此同時，左掌由左向右上方走弧形，托其右臂，使左手背靠近右耳。這時對方已被摔倒在地。（圖 19-7）

　　第四動　兩掌交叉：右掌以大指引導，掌心先轉向內。由下向上方移動，掌心漸漸向外，走上弧形。繼續向前方（東北隅）移動腕與肩平為止。同時，左掌以食指引導，漸向左上方移動到左前方與右腕交叉，右掌在外，左掌在內，掌心均向外。重心仍在左腳，視線由交叉的兩掌中間平遠視。意在右掌掌心。（圖 137）

　　感覺：兩肋伸展舒暢，兩掌指尖發脹、發熱。

　　用法：如對方發右掌向我頭部打來，我則以左掌習捋其右腕。然後以右掌從對方右臂外側的下面往上抬起，和左掌交叉搭成十字狀，架住對方之右臂，使它不能下落為度。（圖 19-8）

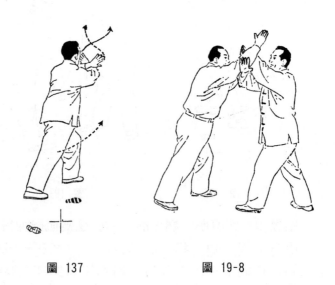

圖 137　　　　　　　　　圖 19-8

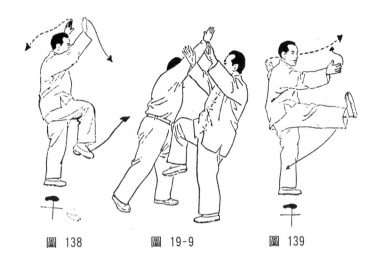

圖 138　　　　　　圖 19-9　　　　　　圖 139

第五動　兩掌高舉：兩掌以小指引導，同時向左前上方舉過頭頂，同時身隨臂起，右膝提起（右膝蓋與胯平），右腳垂懸，左腳獨立，視線由交叉兩腕下方平遠視。意在左掌掌心。（圖 138）

感覺：左腳似樹植地生根，兩掌指尖發脹、發熱。

用法：接上動，我以左右兩掌交叉，架住對方之右臂，和它黏住不要離開。同時，提起右腿，屈膝。右腳垂懸不落，準備待發。（圖 19-9）

第六動　兩掌平分：兩掌以指尖引導，走上弧形。向右前、左後斜角分開。以掌與肩平為度，右掌掌心向左。指尖向前（東南隅）；左掌掌心向右。指尖向後（西北隅），同時右腳向前方蹬出，與右臂上下成平行直線。重心在左腳，視線注於右掌大指尖。意在左掌掌心。（圖139）

圖 19-10

感覺：左腳五趾抓地，左腳力貫腳跟。兩掌掌心發熱。

用法：接上動，使右臂架住對方之右臂，不要脫離開；同時，左掌向左後方伸展坐腕。這時，右腳則自動地向

圖 19-11

前蹬出（腳尖朝天），以腳跟對準對方的右胯骨頭處蹬之。
（圖 19-10，19-11）

二十、左右打虎式（四動）

〔命名釋義〕

此式雙拳並舉，披身閃展，形如打虎，故取是名。

〔動作圖解〕

第一動　兩掌合下：右膝鬆力屈膝，右腳尖垂懸，左掌以食指引導，掌心翻轉向

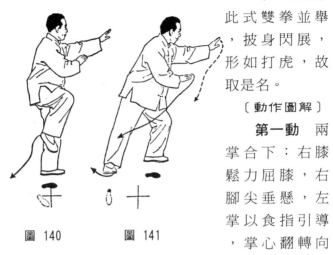

圖 140　　　　圖 141

下往右合；右掌亦以食指引導，掌心翻轉向下往左合，一同伸向左前方（東北隅），左掌在前，右掌在後（右大拇指貼於左臂彎右側）。左膝鬆力向下蹲到極度，右腳向右後（西南隅）撤，腳跟著地。重心在左腳，視線注於左掌食指尖。意在左掌掌心。（圖 140，141）

感覺：兩肋空鬆舒適，左掌心與右腳心蠕動。

用法：如對方以右拳擊我前胸。我則以右手捋其右腕、左手採其右肘向右下方捋出；同時，右腳向右後方退一步，此時對方身體重心即傾斜不穩。（圖 20-1，20-2，20-3）

第二動　兩拳並舉：兩掌向右捋，捋到左膝前時，右腳尖向右（正南）落平，兩掌捋到兩膝分別按兩膝時，重心平均於兩腳成蹲襠式；捋到右膝前時，弓右膝，左腳尖向右轉（正南），同時兩掌漸變為拳，向右前方伸出，

圖 20-1　　　　　　圖 20-2

圖 20-3

右拳在前，拳眼向左前方（正東），左拳眼向上，貼在右肘下，重心在右腳，眼向左前方（東南）平遠看，意在右拳。（圖 142，143）

感覺：右腿發脹、發熱、兩肋舒鬆暢快。

用法：接上動，當我右腳跟剛著地時，即行向右轉身（兩掌捋採之動作要與撤步、轉身等動作協調一致），這時，對方便會跌出很遠，然後兩手掌握拳高舉，形成弓步披閃，準備進攻或防守之勢。（圖 20-4）

第三動

兩掌回抈：右
腳尖向左轉（
正東）身則隨
轉向東南，兩
拳向左前方（
東南）舒伸變
掌，右掌在前
，左掌在後（
左大指貼在右
臂彎左側），兩
掌掌心均向下

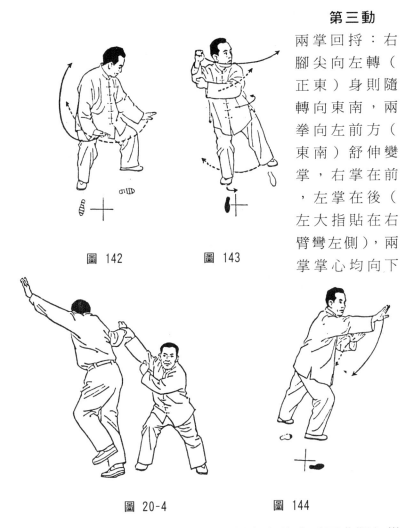

圖 142　　　　圖 143

圖 20-4　　　　圖 144

，右膝鬆力向下蹲到極度，左腳向左後方（西北隅）撤
，腳尖著地，重心集於右腳，視線先隨右拳，變掌後則
注視右掌食指尖，意在右掌掌心。（圖 144）

圖 20-5　　　　　　　圖 20-6

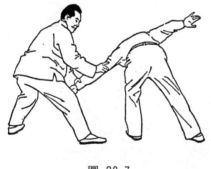

圖 20-7

感覺：右腿發脹、酸、熱，右掌心與左腳心蠕動。

用法：如對方以左拳擊我前胸，我則以左手将其左手腕，右手採住左臂彎，向左後下方将出；同時，左腳向左後下方撤了一大步。這時，對方的重心已傾斜不穩了。（圖 20-5，20-6，20-7）

第四動　兩拳並舉：兩掌向左撤将；将到右膝前時，左腳跟向右（內）收使腳尖朝正北平落，兩掌将到兩膝中間時，重心平均於兩腳，成蹲襠式，将到左膝前時，弓左膝，右腳向右開向正北；同時，兩掌漸變為拳，向

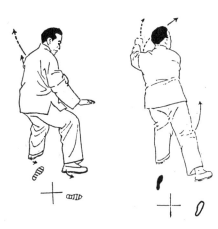

圖 145, 146

左前方伸出，左拳在前，拳眼向右前方（正東），右拳拳眼向上，貼在左肘下，重心在左腳，眼向左前方（東北隅）平遠看，意在左拳。（圖 145，146）

感覺： 左腿發脹、發熱、發酸，兩肘舒鬆暢快。

用法： 接上動，當左腳剛剛著地，即忙向左轉身（兩手捋採之動作和撤步、轉身等動作要配合得協調一致）。這時對方已跌出很遠，然後兩掌握拳高舉形成弓步披閃攻防之勢。

二十一、雙風貫耳（四動）

〔命名釋義〕 此式以左右兩拳，由身後到身前，貫擊對方兩耳，故取此名。

〔動作圖解〕

第一動 兩拳高舉：右拳循左肘外側，向左前方舒伸（身隨臂起）到極度時，右膝提起腳尖懸垂；兩腕交叉，兩拳上舉過頭頂，右拳在外，左拳在內，拳心均向外，眼由交叉兩拳下之中間平遠看，左腳獨立支持體重，意在右拳。（圖 147）

感覺：左腳如樹植地生根，脊背發熱。

用法：如對方以右腳踩踏我之右腿時，我即將兩拳高舉過頭頂，這時右腿自然地會很輕靈的提起來，以作待發蹬出之勢。（圖 21-1，21-2）

第二動 兩掌平分：兩拳變掌。各以小指引導向右前左後斜線平分，右腳跟向右前（東南隅）蹬出，與右臂上下成平行直線。右掌掌心向左，指尖向前（東南

圖 147

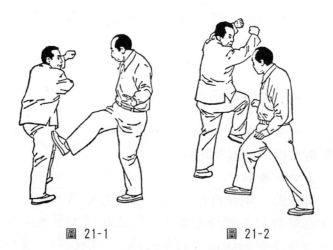

圖 21-1　　　　　圖 21-2

隅），左掌掌心向右。指尖向後（兩北隅）。重心在左腳，視線注於右掌大指尖，意在左掌掌心。（圖 148）

圖 148

感覺：左腳五趾抓地，右腳力貫腳跟，兩掌掌心發熱。

用法：接上動，當我提起右腿躲開了對方踩踏，然後，兩掌向右前和左後的方向分展，同時右腳也自然地會向對方的右胯骨頭處蹬出。這時，對方便會觸腳而被蹬出很遠。（圖 21-3，21-4）

第三動 兩掌下採：左腳

圖 21-3   圖 21-4

蹬力，向下蹲身，右腳尖虛沾地，成左坐步式。兩臂鬆力。右掌以小指引導向左移，左掌則向右移，同到正前方（正東）兩掌距離與肩之寬度相等。掌心向上，右膝漸向前弓，兩掌隨右膝之向下鬆力走下弧形，向後採到極度時，掌變為鈎，同時右腳落平，弓膝成右弓步式。

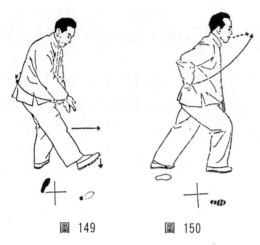

圖 149　　　圖 150

重心集於右腳，眼向正前平遠看，意在兩腕。(圖149，150)

感覺：右腳如樹植地生根，兩臂與胸部有往外舒張的意思。

用法：如對方用雙手摟我腰時，我則將兩掌合在一處，經對方之前胸向下，向後，最後使兩掌心貼近自己的兩臀之後，這時，對方已被我給拿起來了（使其身子向前傾）。(圖21-5，21-6)

第 四 動

兩拳相對：兩鈎各以指尖由裡往外轉，繼以兩腕引導，兩臂各向左右舒平到高與肩平時，鈎變為拳，同時轉到正前方（正東），兩拳拳面

圖 21-5　　　圖 21-6

圖 151　　　　　圖 21-7　　　　　圖 21-8

相對（相距約十厘米）拳眼向下。重心仍在右腳、視線不變，意在兩拳。（圖 151）

　　感覺：右腿發脹、發熱、兩肋舒暢。

　　用法：接上動，當對方身子向前傾之際，我即將兩掌握拳從身後分為左右奔向正前方，直到兩拳拳面相對而接觸到對方之雙耳門處為度。（圖 21-7，21-8）

二十二、披身踢腳（四動）

　　〔命名釋義〕此式指轉身躲閃之後，以腳踢之意，故取此名。

　　〔動作圖解〕

　　第一動　兩拳右轉：右腳跟鬆力，向右轉（腳尖向正南），同時，視線隨兩拳向右前方（東南隅）轉移。重心仍在右腳，眼從兩拳間平遠看，意在兩拳。（圖 152）

　　感覺：右腿發脹、發熱、兩拳心與左腳心蠕動。

　　用法：如對方將我兩手腕攥著往後拽時，我即隨其

圖 152

拽勢,上體微向右扭轉,變為歇步(右腳尖外擺,左腳抵住右腿膕窩,左腳跟揚起),這時對方的身體重心已失。(圖 22-1,22-2)

第二動 兩拳交叉:身與兩臂轉向正南,鬆腰蹲身,左腿自然虛鬆,左腳腳尖著地,腳跟揚起;同時,左拳向右移,左腕貼於右拳腕部外側成為交

圖 22-1　　　　　　圖 22-2

叉,拳心均向裡。重心仍在右腳,眼仍向左前方平遠看,意在左拳。(圖 153)

感覺:右腿發脹、發熱、發酸,脊背發熱。

用法:如對方将住我的兩手腕,復以右腳踢我襠部,

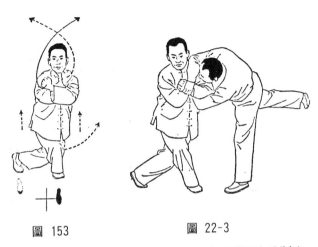

圖 153　　　　　　　　圖 22-3

我則以身子向右轉 90 度，同時，兩手臂（鬆肩垂肘），作內旋動作，使兩小臂交叉形成十字狀態，兩腿成為歇步，這時我已做到了披身，而對方身體處於傾斜欲倒之勢。（圖 22-3）

圖 154

第三動　兩拳高舉：兩拳交叉向前上方伸舉過頭頂，身隨拳起，交叉之兩腕伸到頭上，拳心轉向外，左膝提起，左腳尖懸垂，右腿獨立，眼向正前（正南）方平遠看，意在兩拳。（圖 154）

感覺：右腳如樹植地生根，脊背發熱。

用法：接上動，當對方以右腳踢我腹部，我扭身披閃後，復將左腳提起，準

圖 22-4　　　　　　　　圖 155

備待發之勢。同時，兩拳高舉過頭頂以為趁勁。（圖 22-4）

　　第四動　兩拳平分：兩拳變掌，各以小指引導向左前、右後斜線平分，左腳以腳跟向左（正東）方蹬出。與左臂上下成平行直線。左掌掌心向右，指尖向前（正東），右掌掌心向左，指尖向後（正西）。重心在右腳，視線注於左掌大指尖，意在左掌掌心。（圖 155）

　　感覺：右腳五趾抓地，左腳力貫腳跟，兩掌掌心發熱。

　　用法：接上動，當對方身體正在失中傾斜之際，我及時發出左腳，以腳跟對準對方之右髖骨頭蹬之，即可將對方蹬出很遠。（圖 22-5）

二十三、回身蹬腳（四動）

〔命名釋義〕

此式指身體回旋
180 度，而後發腿
蹬出之意。

〔動作[圖]解〕

第一動　左
腳右轉：左腳踝
部鬆力，視線轉
於右掌大指，左
腳尖走外弧形，
向右方腳跟下落
在右腳外側，同

圖 22-5

時，鬆右腳跟，身隨右臂往右後方轉（向西北）。重心仍
在右腳，意在右掌掌心。（圖 156）

圖 156　　　　　　　圖 23-1

感覺：兩肋舒鬆暢快，右掌心與左腳心發熱。

用法：當我以左腳蹬對方，而對方避開後復右腳踢我之實腿（右腿）時，我則將左腳隨著身

圖 23-2

子向右回旋落於右腳尖的前面，以腳跟著地，腳尖揚起。這時上身向右轉 90 度為止。（圖 23-1，23-2）

第二動 兩拳交叉：左腳漸漸落實，身向右轉（正北），蹲身提右膝；右腳尖虛沾地，同時兩掌變拳，腕部交叉、右拳在外，左拳在內，拳心均向裡。重心在左腳，眼看右前方（東北隅），意在右拳。（圖 157）

感覺：左腿發脹、發熱、發酸。

用法：接上動，當左腳落下之後，上體繼續向右轉成 90 度（面向正北）。同時兩拳小臂交叉十字，右拳在外，左拳在內，兩膝微屈，上體略蹲，重心在左腳，右腳尖虛沾地面，避開對方右腳向我的襲擊。（圖 23-3）

第三動 兩拳高舉：兩拳交叉向前上方伸舉，身隨拳起，交叉之兩腕伸到頭上，拳心轉而向外，右膝提起、右腳尖懸垂，左腿獨立，眼向正前（正北）方平遠看，意在左拳。（圖 158）

圖 157　　　　　圖 23-3　　　　　圖 158

圖 23-4

感覺：左腳如樹植地生根，脊背發熱。

用法：如對方向我撲來，我即乘隙擎起對方的雙臂，高舉過頭頂，同時，提起右腿，準備發腿蹬之。（圖 23-4）

第四動　兩掌平分，兩拳變掌，各以小指引導向右前左後斜線平分；右腳跟向右前（正東）蹬出，與右臂上下成平行直線，右掌掌心向左，指尖向前（正東），左掌掌心向右，指尖向後（正西）。重心在左腳，視線注於右掌大指尖，意在左掌掌心。（圖 159）

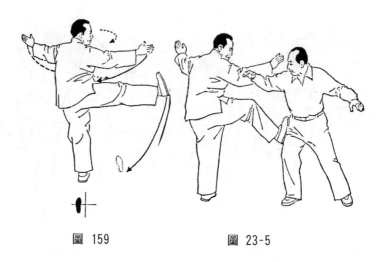

圖 159   圖 23-5

感覺：左腳五趾抓地，右腳力貫腳跟，兩掌掌心發熱。

用法：接上動，用右臂橫架住對方之右臂，同時，左掌向左後方伸展，而右腳則會自動地蹬出，應以右腳跟對準對方的右臏骨頭處蹬之。這時對方即被蹬出很遠。（圖 23-5）

二十四、撲面掌（四動）

〔命名釋義〕此式指順步採掌，兩掌交替滾轉，連撲帶蓋之意，故取此名。

〔動作圖解〕

第一動 左掌下按：左膝鬆力，鬆腰蹲身，右腳下落，腳跟著地成左坐步式，左掌隨右腳之下落而下按，摟右膝同時，右掌心向上撤回靠近右肋。重心在左腳，視線隨右掌食指，意在右掌掌心。（圖 160）

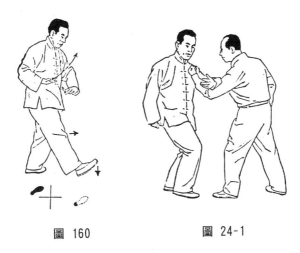

圖 160   圖 24-1

感覺：左腿發脹、發熱、發酸，左掌心與右腳心蠕動。

用法：如對方以左手擊我前胸，我則以左手黏其小臂向下滾壓沈採。這時，使對方的上身前傾失中。（圖24-1）

第二動　右掌前按：抬頭，視線逐漸向前平看，右腳尖逐漸落平，弓右膝成右弓步式，右掌以無名指引導向前按出，掌心向外，大指遙對鼻尖，左掌在右肋旁。重心在右腳，眼從右大指尖上方平遠看，意在右掌掌心。（圖161，162）

感覺：右腿發脹、發熱、發酸，右掌掌心與左腳腳心蠕動。

用法：接上動，當我以左掌沈採對方的右臂，待其身體失中之際，隨即用右掌向前虛擊其面部。這時，拱右膝，左腿在後伸直，形成弓步，而將對方發出很遠。（圖

24-2，24-3）

第 三 動

右掌下按：左膝鬆力，左腳前進一步，腳跟著地，腳尖揚起，左掌隨將掌心轉向上，收到左肋旁；同時，右掌腕部鬆力向

圖 161　　　圖 162

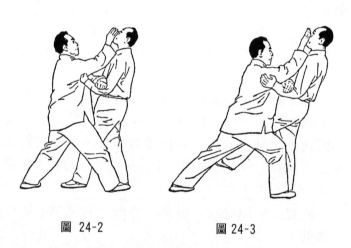

圖 24-2　　　圖 24-3

上提到右耳旁，再以小指引導向前（微向前下）伸出，以後臂舒直為度，高度與腹平，掌心向下，指尖向前（正東），同時，提頂長身，右腿微屈。重心仍在右腳，視線

注視右掌食指尖，意在右掌掌根（外側腕骨前）。（圖163）

感覺：右腳如樹植地生根，右掌與左腳心蠕動。

用法：如對方以左掌向我胸部打來，我則以右掌黏其小臂向下沈採，這時，對方上身前傾失中。

第四動　左掌前按：右掌以小指引導向下翻轉，往左肋處回採，同時鬆右膝、蹲身，右肘到左掌指尖前時，鬆左膝，伸左腳成右坐步

圖 163

式。左掌以食指引導，使掌心轉而向外，並向前按出（正東），食指遙對鼻尖，弓左膝成左弓步（順步）。重心在左腳，視線注於左掌食指尖，意在左掌掌心。（圖164，165）

感覺：左腿發脹、發熱，兩掌掌心發熱。

用法：接上動，我當以右掌沈採對方的左臂，待其身體失中之際，隨即用左掌向前虛擊其面部。同時拱

圖 164, 165

左膝，右腿在後伸直，形成左弓步，這時已將對方發出很遠。

二十五、十字腿（單擺蓮）（四動）

〔命名釋義〕此式指左臂與右腿所運轉互相交叉和相觸之動作，形如十字狀，又好似風之擺蓮，故取此名。

〔動作圖解〕

第一動 左掌右捋：右掌不動，左掌以食指引導向右轉，視線隨之，此時，左腳尖向右轉（腳尖向正南）。重心仍在左腳，視線注於左掌食指尖，意在左掌掌心。（圖166）

感覺：兩掌掌心蠕動，脊背發熱。

用法：如對方以右手從身後抓住我的右肩頭時，我則以左掌掌心黏其右腕（扣住不要離開）。（圖25-1）

第 二 動

左掌繼捋：右掌不動，左掌繼續向右轉180度到右耳外側為止，掌心仍向外，指尖向上，同時身隨掌轉（面向正西），右腳跟虛

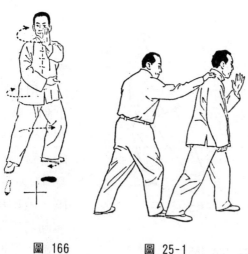

圖 166　　　圖 25-1

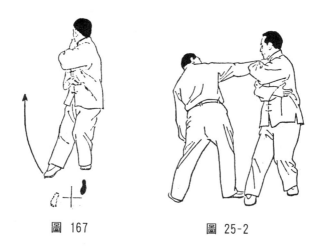

圖 167　　　　　　圖 25-2

起。重心仍在左腳，眼向正前方平遠看，意在左掌掌心。（圖 167）

感覺：左腳如樹植地生根，左掌心與右腳心發熱，脊背發熱。

用法：接上動，如對方之右腕被扣住，有要脫開之意時，可使左掌繼續向右捋，同時，向右轉身（面向正西），這時，對方的身體重心已經失中。（圖 25-2）

第三動　右腳上提：右腳以小趾向左前方往上虛提，同時左掌以食指引導向右舒直（與肩平），掌心向下，重心不變，視線亦不變，意仍在左掌掌心。（圖 168）

感覺：兩腿同時發熱，左掌掌心發熱，指尖發熱。

用法：接上動，當我將對方右臂腕拿住之後，同時，抬起右腳向左伸平為度，準備擺踢之勢。（圖 25-3）

第四動　右腳右擺：右腳向右上方擺動，以擺到腳

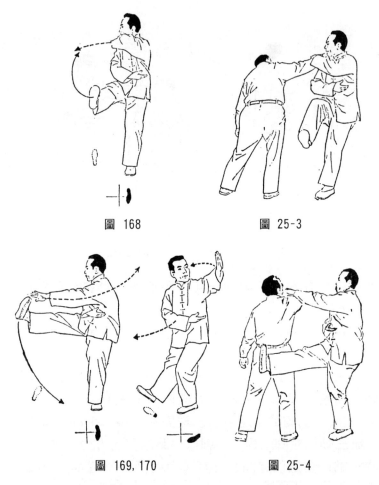

圖 168

圖 25-3

圖 169, 170

圖 25-4

尖遙與鼻尖相對為止,同時,左掌向左轉到正前方與右
腳相遇時,以指尖輕掠腳尖後,右腳向右前方下落,腳
跟著地成左坐步式,而左掌則向左後上提至左耳外側,
左腕鬆力,左掌指尖向前,右掌不動。重心在左腳,視
線不變,意在左腕。(圖169,170)

感覺：左腳如樹植地生根，左掌心與右腳心蠕動。

用法：接上動，當我抬起右腿之後，看對方之情況有沒有變化，如沒有什麼變化，我即用右腳背拍擊腰間（即兩腎），同時以左掌反其下頦或耳後之翳風穴。（圖25-4）

二十六、摟膝指襠錘（四動）

〔**命名釋義**〕此動作形式與摟膝拗步式相同，只是最後以掌改變為拳，向對方之下腹部進擊，故取此名。

〔**動作圖解**〕

第一動　右掌下按：右掌以食指引導向右前下方按去，到右膝外側為止，掌心向下，指尖向前，同時右腳落平，視線注視右掌食指。意在右掌心。（圖171）

感覺：左腿發脹、熱、酸，兩掌掌心發熱。

用法：如對方以右掌向我面部打來，和左腳向我下腹部進攻，我則以左手迎其右臂腕部，以右手按其膝，使對方的進攻失去重心為原則。（圖26-1，26-2）

圖 171

第二動　左掌前按：弓右膝成右弓步式，同時左掌以無名指引導向前按出，掌心向外，指尖向上。重心在右腳，眼從左掌大指尖上平遠，意在左掌掌心。（圖172）

感覺：右腿發脹、發熱，右掌心與左腳心發熱。

用法：如對方左腳在前，用左手

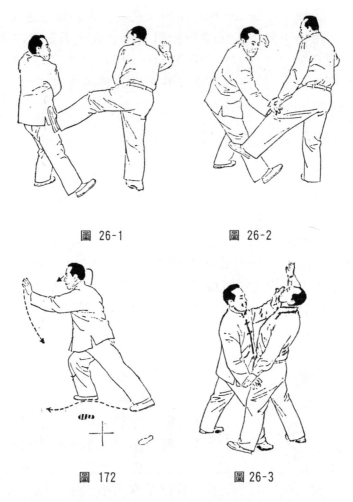

圖 26-1　　　　　　　圖 26-2

圖 172　　　　　　　圖 26-3

向我面部打來，我即用右手沈採對方的左臂彎。同時進右步以右膝緊貼近其左膝內側，與此同時發左掌擊其面部或腋下神經。（圖 26-3）

　　第三動　左掌下按：左掌以食指引導向前下按至右

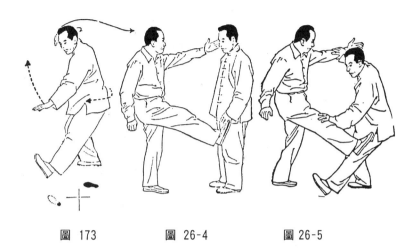

圖 173　　　　　圖 26-4　　　　　圖 26-5

膝前為止，同時右腕鬆力，向上提至右耳旁。重心仍在
右腳，視線在左掌食指尖，意在左掌掌心。（圖173）

　　感覺：右腿發脹、熱酸，兩掌掌心發熱。

　　用法：如對方以左掌向我面部並以右腳向我下腹部
同時進攻，我則以右手黏其左手腕部上提，同時以左手
按其右膝，使對方的進招失去重心和使對方之進攻失去
效用。（圖26-4，26-5）

　　第四動　　右拳指襠：左膝鬆力，收回左腳向左前方
邁進一步，腳跟著地，逐漸落平，弓左膝成左弓步式。
左掌摟膝後，右掌變拳從右肋隨左膝之前弓而向前下方
伸到左膝為止，拳眼向上，左掌虛貼右臂（腕後肘前）。
重心仍在左腳，視線注於右拳食指中節，意在右拳拳面。
（圖174，175，176）

　　感覺：左腿發脹、發熱，兩肋舒暢鬆空，脊背發熱。

　　用法：如對方以右掌向我前胸打來，我則以左手黏

圖 174, 175, 176

住其右肘部，同時將右掌向右後上方一擺，然後返回到
右肋間握成拳，繼之以右拳向對方之下腹部進擊。（圖
26-6，26-7，26-8，26-9）

圖 26-6　　　　　　　　圖 26-7

圖 26-8　　　　　　　圖 26-9

二十七、正單鞭（六動）

〔命名釋義〕此式指豎腰、立頂、蹲身動作喻為鞭竿；兩臂展開動作喻為鞭梢，即以鞭竿坐勁而力貫鞭梢之意，故取此為名。

圖 177

〔動作圖解〕

第一動　翻拳上步：右拳向左前方翻轉向上伸出，拳心向內，鬆肘立腰，鬆右膝，右腳向前伸出，成左坐步式。重心在左腳。（圖 177）

感覺：左腿發脹、熱、酸，脊背發熱。

用法：接上動，如對方

圖 27-1   圖 27-2

以右手採住我的右手腕時，我即使拳心翻轉向上，同時進右步以腳跟著地，腳尖揚起。注意左掌的中、食指始終扶在右脈門。（圖 27-1，27-2）

第二動　右掌前掤：右腳落平，弓右膝成右弓步式，同時右拳鬆開變為掌，向右前方掤出，掌心向上，重心在右腳，視線隨右掌食指尖，意在右掌。（圖 178）

感覺：右腿發脹、熱，右掌掌心與左腳腳心發燒。

用法：接上動，當我右拳翻轉向上之後，隨即將右拳向前舒伸，右拳鬆開變掌並且將右腳逐漸放平。弓右膝，左腿在後伸直形成右弓步，這時，對方即被掤出很遠。（圖 27-3）

第三動　右掌後掤：身向後坐成左坐步式，同時，右肘鬆力，右掌向右後方走外弧形線，左掌隨之，至右掌轉到右耳旁，眼與大指及中指成一直線時止。重心在左腳，視線始終在右掌食指尖，意在右掌掌心。（圖 179）

感覺：左腿發脹、熱、酸，兩掌掌心蠕動。

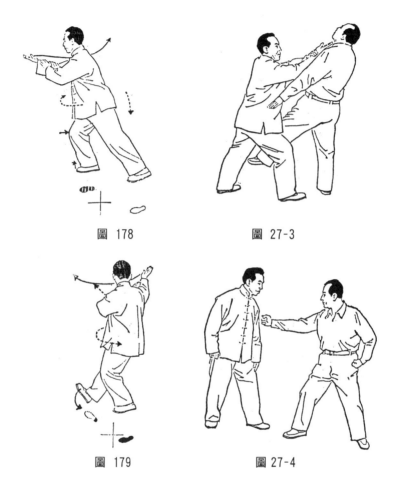

圖 178　　　　　　　　　圖 27-3

圖 179　　　　　　　　　圖 27-4

　　用法：如對方以右拳向我前胸打來，我即將右臂長伸向對方右臂下邊，然後以右掌食指引導向身之右後上方掤起，同時，左膝鬆力，身往後坐，成為左坐步，這時，對方即被掤出很遠。（圖 27-4，27-5，27-6）

　　第四動　右掌前按：腰微鬆，右肘尖微向前下鬆垂，

圖 27-5　　　　　　　　圖 27-6

右腳尖向左轉向正南，同時右掌循右腳尖下落方向往前
按出，掌心向外，指尖向上，俟右腳尖落平時，左掌中、
四指尖始終扶在右脈門處，右膝弓足。重心集於右腳，
視線注視右掌食指尖，意在右掌掌心。（圖180）

圖 180

　　感覺：右腿發脹、發
熱、脊背發熱。

　　用法：接上動，當我
把對方掤起之後，他想後
退時，我則以左掌沿其脊
椎從上向下捋到其命門為
止，同時以右掌對準對方
的面部或肩部前按。這時
已將對方按出。（圖 27-7，
27-8a，27-8b）

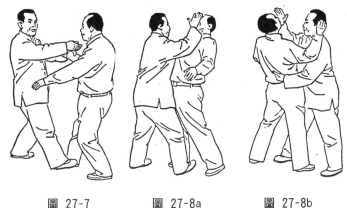

圖 27-7　　　　圖 27-8a　　　　圖 27-8b

圖 181

第五動　右掌變鈎：右腕鬆力，右掌五指指尖聚攏成鈎，右腕向上凸起，鈎尖向下鬆垂，視線換在右腕，左腳向左方（正東）舒伸，腳尖虛著地。重心仍在右腳，視線與意均在右腕。（圖 181）

感覺：右腿發脹、發熱、發酸，右手心與右腳心蠕動。

用法：如對方以右掌向我面部打來，我則以右掌刁其右手腕，同時向右略微一側身，進左步鎖其右腿為度。（圖 27-9，27-10，27-11）

第六動　左掌平捋：左掌以食指引導，由右腕下逐漸向左（走外弧形線）移動，掌心與眼平行，眼看左掌食指尖，左掌移至兩腳正中時，左腳跟向右收落平，腰

圖 27-9　　　　圖 27-10　　　　圖 27-11

部鬆垂，重心在兩腳。左掌以小指引導，掌心逐漸向外翻轉至左腳尖前上方，掌心向外，指尖向上，視線在左掌食指尖，意在左掌掌心。（圖 182）

　　感覺：兩腿大腿內側發酸、脹，熱，左掌食指尖自行蠕動。

　　用法：接上動，當我右手刁住對方的右手腕和進左步鎖住其後腿，同時左肩發鬆、左肘下沈，左掌向對方的面部或肋下按出，並屈膝略蹲成馬步。將對方發出。（圖27-12）

二十八、雲手（六動）

　　〔命名釋義〕此式指兩臂上下循環運轉，其回旋纏繞之速度均勻和動作綿綿之姿態，就好像天空之行雲一般，故取此名。

　　〔動作圖解〕

圖 182

圖 27-12

圖 183

第一動　左掌下捋：左腕鬆力，左掌以食指引導向右下方移動，掌心向右，經左膝，走下弧形而到右膝，重心漸漸移於右腳。右鈎變掌，以食指引導向右方伸出，掌心向下。重心集於右腳，視線注於右掌食指尖，意在右掌掌心。（圖 183）

感覺：右腳如樹植地生根，右掌心與左腳心舒張。

用法：如對方以左掌打我嘴巴，我則以右掌粘其左

圖 28-1　　　　　　圖 28-2

手腕，並以左掌向自己的右腳跟的右後方往下一捋，這
時，對方的重心已失去平衡，站立不穩。（圖 28-1，28-2）

　　第二動　　左掌平按：左掌以食指引導向右上方移到
右臂彎處，先向右前方移動，掌心向內，左掌繼續走上
弧形往左移動，身隨掌起，左掌移到正前方時，左腳落
平，重心平均於兩腳，左掌小指外轉，掌心漸漸向外，
到左前方時，重心移於左腳，左掌轉到左方（正東）時，
掌心向下平按，與肩平為度。同時，右掌走下弧形，經
右膝到左膝為止，重心集於左腳，視線注於左掌食指尖，
意在左掌掌心。（圖 184，185）

　　感覺： 左腿發熱、發酸，左掌心發熱。

　　用法： 接上動，當對方身體失去重心不穩之際，我
順其傾斜方向下捋之，左掌返回向上，向左沿其臂內側
反擊其面，或用左臂沿其左臂外側，左掌隨進隨轉，以
掌拍其右肩。這時對方則應手而倒在地或跌出。（圖 28-3）

　　第三動　　右掌平按：右掌以食指引導向左上方移到

圖 184, 185　　　　　　圖 28-3

左臂彎處，先向左前方往上移至極度，身隨掌起，右腳
收至左腳旁。右掌繼續向右移，到正前方時，重心在兩
腳，到右前方時，重心移於右腳。右掌繼續轉到右方（正
西）時，掌心向下按，與肩平為度；同時，左掌走下弧
形，經左膝而到右膝止，此時左腳向左橫開一步，腳尖
著地。重心集於右腳，視線注於右掌食指尖，意在右掌
掌心。（圖 186，187，188）

　　感覺：右腿發熱、發酸，右掌心發熱。

　　用法：如對方以右掌打我嘴巴，我則以左掌粘住其
右手腕，並以右掌沿其臂之內側反擊其面部，或用右臂
沿其右臂外側，使右掌隨進隨轉，以掌心拍其左肩，這
時對方則應手而倒在地，或跌出很遠。（圖 28-4，28-5，
28-6，28-7，28-8）

　　第四動　　左掌平按：左掌以食指引導向右上方移動
到右臂彎處，先向右前方移動，掌心向內，左掌繼續走上

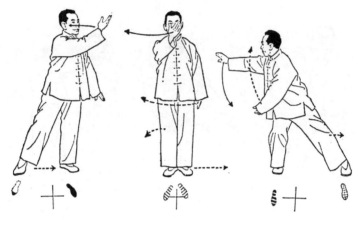

圖 186, 187, 188

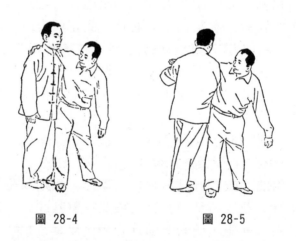

圖 28-4　　　　　　　圖 28-5

上弧形往左移動，身隨掌起，左掌移到正前方時，左腳
落平，重心平均於兩腳，左掌小指外傳，掌心漸漸向外，
到左前方時，重心移於左腳，左掌轉到左方（正東）時，
掌心向下按，與肩平為度；同時右掌走下弧形，經右膝

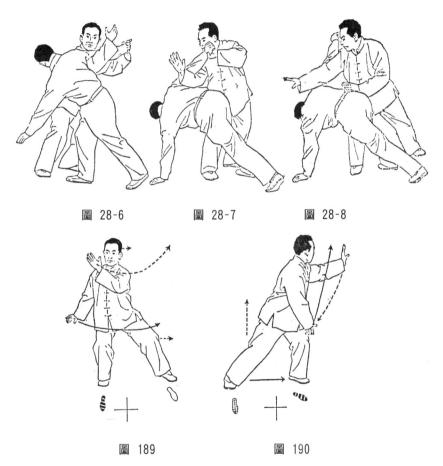

圖 28-6　　　　圖 28-7　　　　圖 28-8

圖 189　　　　　　　　圖 190

到左膝前止。重心集於左腳，視線注於左掌食指尖，意
在左掌掌心。（圖189，190）

　　感覺：左腿發熱、發酸，左掌心發熱。

　　用法：如對方以左掌打我嘴巴，我則以右掌粘住其
左手腕，並以左掌沿其臂之內側反擊其面部，或用左臂

沿其左臂外側使左掌隨進隨轉以掌心拍其右肩。這時對
方則應手而跌出。

　　第五動　按掌變鈎：右掌以食指引導，向左上方移
到左臂彎處時，先向左前往上移至極度，身隨掌起，右
腳收至左腳旁，右掌繼續向右移動，到正前方時，重心
在兩腳，右掌小指外轉，掌心逐漸向外，到右前方時，
重心移於右腳，右掌轉到右方（正西）時，掌心向下平
按，與肩平為度；同時，左掌走下弧形，經左膝到右膝
而上升至右臂彎時，右肘鬆力，右掌向左微移，以右脈
門接觸左掌中四指指尖時，右掌腕部鬆力，五指聚攏變
成鈎，同時左腳向左橫開一步，腳尖著地。重心集於右
腳，視線注於右鈎腕部，意在鈎尖。（圖 191，192，193）

　　感覺：右腿發熱，發酸，右手心與左腳心發熱而蠕
動。

圖　191, 192, 193

圖 28-9　　　　　　　圖 28-10

用法：如對方以右掌向我面部打來，我則先以右掌採住其右肘，使其身子前傾。然後，右掌五指抓攏變成虛鈎，以手腕部向其下頦襲擊。同時左腳向左橫開一步，腳尖虛沾地面。（圖 28-9，28-10）

　　第六動　　左掌平按：左掌以食指引導，由右腕下逐漸向左（走外弧形線）移動，掌心與眼相平，眼看左掌食指尖，左掌移至兩腳正中時，左腳跟向右收落平，腰部鬆垂，重心在兩腳。左掌以小指引導，掌心逐漸向外翻轉至左腳尖前止，掌心向外，指尖向上，視線在左掌食指尖，意在左掌掌心。（圖 194）

圖 194

圖 28-11

圖 28-12

感覺：兩大腿內側發酸、發脹、發熱，左掌食指尖自行蠕動。

用法：接上動，我再用右手刁住對方的右手腕，同時，上體下蹲成為馬步，並以左掌沿著對方的左臂外側向上，向左平按，至左掌掌心貼近對方之右肩為度，這時對方便會應手而跌出很遠。（圖 28-11，28-12，28-13）

圖 28-13

二十九、下式（二動）

〔**命名釋義**〕此動作是從高的形式突然變為低的形

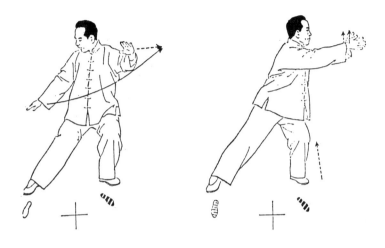

圖 195, 196

式，其式之形態好像鷹在空中盤旋，突然下落如捕兔之狀，故取此名。

〔動作圖解〕

第一動　右掌前掤：右鈎變掌，掌心向下，以食指引導向下走下弧形，視線轉向右手食指，經右膝、左膝，再上行到腕與肩平，同時，左掌隨右掌之移動，面向左前伸出，以兩掌相齊為度，左掌掌心向右，右掌掌心向左，兩掌相對，指尖均向前。兩掌距離與肩寬相同。重心隨右掌之左移而移於左腳。眼向左前（正東）平遠看，意在右掌掌心。（圖195，196）

感覺：左腿與胯部發熱、發酸，兩掌掌心蠕動。

用法：如對方用雙掌向我前胸撲來，我即將右掌向對方的右臂外側的下邊伸出，互相粘住，同時將右腿向後撤退一步，這時對方的身體重心已失去平衡了。（圖29-

圖 29-1　　　　　　　圖 29-2

1，29-2）

第二動　兩掌回掆：兩腕鬆力，虛向上提，掌心空，同時向上長身，兩腿平均站立。右臂與肘虛領。將身領正後再往右方下移，以右掌到右膝前為度；左掌則以左

圖　197，198

圖 199, 200

腕引導向下移到左膝為度，兩掌掌心均向下，當兩掌回
捋而向下按時，向下蹲身，重心移在右腳，左腿舒直成
右仆步式（腳尖均向南），上身正直，眼向左前平遠看，
意在右掌掌心。（圖 197，198，199，200）

　　感覺：右腿發脹、發熱、發酸，兩掌掌心蠕動。

　　用法：接上動。在我右掌粘住對方的右臂時，腕部
向後、向下沉採，對方應手向前撲跌。（圖 29-3，29-4，29-5）

三十、上步七星（上步騎鯨）（二動）

　　〔命名釋義〕：此式形成突出了身上的七個部位，即
頭、肩、肘、手、胯、膝、足等部位，而構成的姿式則
謂之上步七星動作，形如騎鯨，故取此名。

　　〔動作圖解〕

　　第一動　右掌前掤：左掌指尖向前伸，左腳尖向左

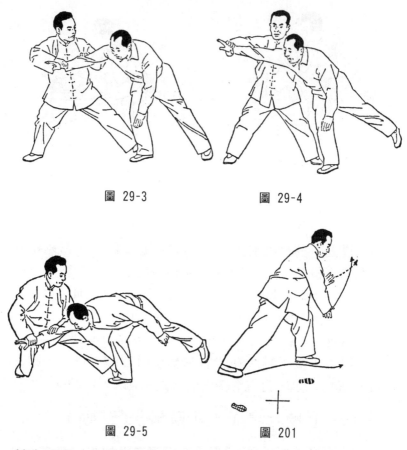

圖 29-3　　　　　　　　圖 29-4

圖 29-5　　　　　　　　圖 201

轉向正東；右掌以食指引導向前伸到左肘下，掌心向上，
弓左膝，重心移到左腳，開右腳跟成左弓步式，視線注
於右掌食指尖，意在右掌掌心。（圖 201）

　　感覺：左肋鬆空，右肋舒暢，左腿與右掌掌心均發
熱。

圖 30-1　　　　　　　　圖 30-2

用法：如對方身體被我牽動失去重心而前傾之際，我即用右掌向對方之下腹部襲擊。（圖 30-1，30-2）

第二動　兩掌上掤：右掌以食指引導沿左臂下往前舒長，兩掌交叉，右掌在外，掌心向左，左掌在內，掌心向右，直腰鬆右膝，出右腳成左坐步式，視線先隨右掌食指，兩掌交叉後，由兩掌中間向正前方

圖 202

平遠看，意在左掌掌心。（圖 202）

感覺：左腿發熱、發脹，右掌外緣有撐勁，左掌心與右腳心發熱。

用法：兩掌架住對方右臂，同時以右腳貼住對方前腿外側，用腳蹬對方後腿脛骨。（圖 30-3，30-4）

圖 30-3　　　　　　　圖 30-4

三十一、退步跨虎（二動）

〔**命名釋義**〕此式動作是以右腳由前向後撤一大步，坐身然後收左腳，腳尖虛沾地面成跨虛步，兩臂分開，前掌後鈎。拳術之術語稱此式為跨虎式，故取此為名。

〔**動作圖解**〕

第一動　兩掌前掤：兩腕鬆力，兩掌分開向前舒長，掌心均向下，右腳往後撤到極度，與左腳前後成一直線，腳尖著地。重心仍在左腳，視線由兩掌中間向前平遠看，意在

圖 203

左掌掌心。（圖203）

　　感覺：左腿發熱、發脹，胸及兩肋舒暢，兩掌掌心發熱。

　　用法：如果對方用拳打我之面部，同時用腳踢我前腿時，我則左右兩掌向前上掤起，對準對方的來手，然後以鈎羅手鈎住對方踢來之腳腕，成待化發之勢。（圖31-1，31-2）

圖 31-1　　　　　　　　圖 31-2

　　第二動　兩掌回捋：兩掌向右下回捋到左膝，右腳跟向左（正北）落平，右腕上提到右耳側後向前掤出（正南），掌心向左，拇指向上；同時，左掌變鈎向後撤，鈎尖向上，左腳收回到右腳旁，腳尖虛著地，重心在右腳，眼向左前方（東南）平遠看，意在右掌掌心。（圖204，205，206，207a，207b）

　　感覺：右腳如樹植地生根，兩肋鬆空，右掌掌心蠕動。

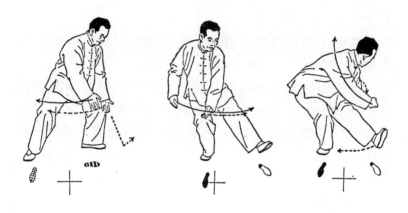

圖 204, 205, 206

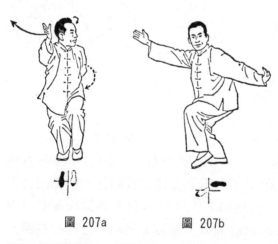

圖 207a　　　圖 207b

用法：接上動，在我以鈎羅手鈎住對方踢來之腳腕之後，並以另一手掛住對方擊來之手，左右兩臂腕部朝前後方向分開，同時我急轉身將前腿向後撤回靠近右腿，閃開我的正中部分，使對方著法落空則應手而向後摔倒。（圖 31-3，31-4，31-5）

圖 31-3

圖 31-4

三十二、回身撲面掌（二動）

〔**命名釋義**〕此式指由
前向後回轉過身子以後，再
發掌撲蓋向前擊之之意，故
以此為名。

〔**動作圖解**〕

第一動　右掌回捋：右
掌以食指引導向右轉（正
西），掌心向下，身隨掌轉。
重心仍在右腳，視線隨右掌
食指尖，意在左掌掌心。（圖
208）

圖 31-5

感覺：右腿發熱、發脹、右掌指尖發脹。

圖 208

用法：如對方用右拳從我身之右側打來，我即向右轉身，同時右掌以指尖向對方的眼睛虛擊。這時，對方受到突然襲擊，而使原向我進攻之動作處於遲鈍和發呆之狀態。（圖 32-1，32-2）

第二動　左掌前按：左鈎漸變為掌，掌心翻轉向上，鬆右臂，以食指引導從左肋前向右上方斜伸到右臂彎，右掌掌心同時翻轉

圖 32-1　　　　　　圖 32-2

向上。左掌繼續向前（正西）伸長，伸到與右掌相齊時，左腳向右腳前邁出，腳落平後，左掌向前（正西）按出，掌心向外，指尖向上，同時弓左膝，右腳跟外開，成左弓步式。右掌回收到右肋前，掌心向上。重心在左腳，視線隨左掌食指尖，意在左掌掌心。（圖 209，210）

感覺：左腿發脹、發熱，脊背圓而力氣充足，兩掌掌心發熱。

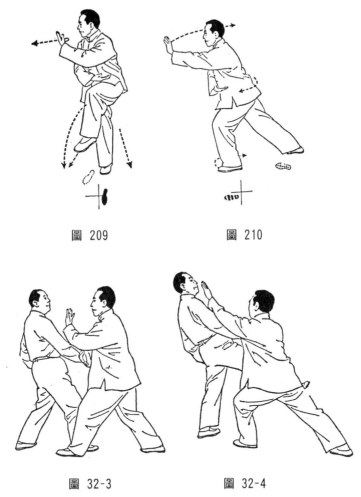

圖 209　　　　　圖 210

圖 32-3　　　　　圖 32-4

　　用法：接前動當用右掌向對方眼前虛晃一招，立即
收回使掌心翻轉向上，以手背沉採其右臂，復以左掌從
胸口向前發出（要含撲蓋之意）擊其面部，同時進左步
鎖住對方之後腿，但要求與發掌之動作協調一致。（圖

32-3，32-4）

三十三、轉腳擺蓮（四動）

〔命名釋義〕此式指右腳之弧形運轉與左右兩掌逐遞相觸之動作，形若風之擺蓮之搖的意思，故取此為名。

〔動作圖解〕

第一動 左掌右捋：右掌不動，左掌以食指引導向右轉，視線隨之，左腳尖向左轉（正北）。重心仍在左腳，視線注於左掌食指尖，意在左掌掌心。（圖211）

感覺：兩掌掌心蠕動，脊背發熱。

圖 211

用法：如對方以右手從我身之背後抓住我的右肩，

圖 33-1　　　　　　　圖 33-2

圖 212, 213

我則向右轉身並以左掌粘其右手腕。（圖33-1，33-2）

第二動　右掌回捋：右掌以食指引導，從左臂下走外弧形向右轉（正北），掌心向前（正東），左掌隨動，到右臂彎為止。掌心向右（正西），同時右腳跟虛起，腳尖著地。重心在左腳，視線先隨右掌食指，身轉正（正東）後，向正前方平遠看，意在左掌掌心。（圖 212，213）

感覺：右肋虛空舒適，左腳如樹植地生根，右掌掌心發熱，指尖發脹。

用法：接上動，在我將對方之右手腕扣住，復以右臂從對方的右臂下邊向上穿出，再向右方滾轉下壓。（圖33-3，33-4）

第三動　右腳上提：右腳以大趾向左前方往上虛提，同時，左掌以食指引導向右舒直（與肩平），掌心向下，重心不變，視線亦不變，意在左掌掌心。（圖 214a，214b）

感覺：左腳五趾抓地，兩掌掌心發熱而蠕動。

用法：接上動，在我將對方之右臂壓住之後，隨之，將右腳抬起，準備發腳。（圖 33-5）

第四動　右腳右擺：右腳向上方擺動，以擺到腳尖

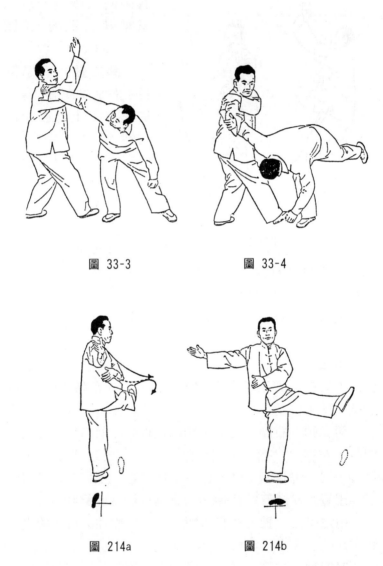

圖 33-3　　　　　　圖 33-4

圖 214a　　　　　　圖 214b

遙與鼻尖相對為止，同時左右兩掌向左轉到正前方與腳相遇時，以指尖逐遞輕掠腳尖後，右腳向右前方下落成左坐步式（隅步），兩掌向左後（西北）舒伸，左掌在前，右掌在後，掌心均斜向下。重心仍在左腳，視線在掌與腳相掠後，隨左掌食指尖，意在左掌掌心。（圖215，216）

圖 33-5

圖 215，216

感覺：左腳五趾抓地，胸、背部發熱，兩臂韌帶引長。

用法：接上動，我將右腳抬起之後，以腳背由左向

圖 33-6

右擺踢對方之腰部。與此同時，左右兩掌從右向左反擊其面部。這時，對方身體重心已失，則由我任意擊之。（圖33-6）

三十四、彎弓射虎
（四動）

〔命名釋義〕此式兩臂之動作和身法之披閃以及弓箭步之配合，所形成之姿勢，好像握弓射箭，故取此為名。

〔動作圖解〕

第一動　兩掌回捋：兩掌向右前方往下捋到左膝前時，右腳落平，到右膝前時，兩掌變拳，兩肘鬆力，兩拳上提到右耳外側，右拳在上，拳眼向下，左拳之拳眼向上（兩拳上下距離約一肩寬），弓右膝成右弓步式。重心集於右腳，視線先隨左拳食指，到正前方時，隨右掌食指尖，變拳後隨右拳食指中節，意在右拳。（圖217）

感覺：右大腿內側發熱、發酸，腰、背部發熱，右拳與左腳心蠕動。

用法：如對方以左拳擊我胸部，我則微向左轉身，並以

圖 217

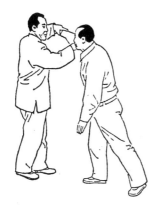 

圖 34-1　　　　　　　圖 34-2

雙手順其來勢往外往上略微一帶，這時對方身體重心已
失去平衡。（圖 34-1，34-2）

　　第二動　兩拳俱發：右拳從右耳上向左前方（東北）
發出，左拳在下隨之，亦向左前方發出，兩拳拳眼相對，
左肘對右膝。重心仍在右腳，視線循右拳食指根節向左
前方遠看，意在右拳。（圖 218，219）

　　感覺：右腳如樹植地生根，小腿發脹、發熱，右拳
心與左腳心發熱。

　　用法：接上動，在我隨其來勢以雙手往外往上一帶
之後，隨即兩手握拳提至右耳旁，復向左前方橫擊敵之
左肋下神經，這時敵即應手而被發出遠。（圖 34-3，34-4，
34-5）

　　第三動　兩掌回捋：兩拳漸變為掌，向右後方（西
南）往上移動，兩掌伸到極度時，鬆左膝，左腳向左前
方伸出，腳跟著地，兩掌向左前方往下捋按，到右膝前

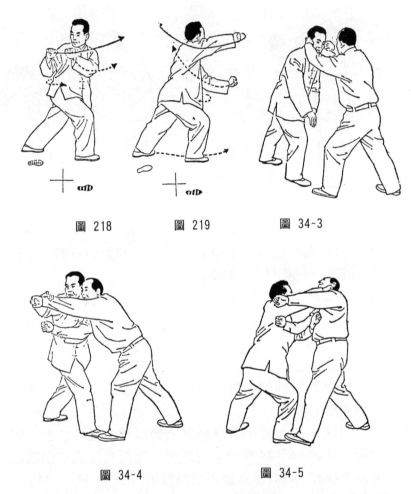

圖 218　　　　圖 219　　　　圖 34-3

圖 34-4　　　　　圖 34-5

時，左腳落平，到左膝前時，兩掌變拳，向上提到左耳
外側，拳眼相對，弓左膝成左弓步式（隅步）。重心集於
左腳，視線先隨右掌食指尖，到正前方時，隨左掌食指
尖，變拳後，隨左掌食指中節，意在左拳。（圖 220，221）

感覺：左大腿內側發熱、發酸，腰、背部發熱，左掌心與右腳心蠕動。

用法：如對方以右拳向我前胸打來，我則微向右轉身，並以雙手

圖 220，221

順其來勢往外，往上一帶，這時使對方身體重心失去平衡。（圖 34-6，34-7，34-8）

第四動 兩拳俱發，左拳從左耳上向右前方（東南）

圖 34-6　　　　　　圖 34-7

圖 34-8

發出，右拳在下隨之，亦向右前方發出，兩拳拳眼相對，右肘對左膝。重心仍在左腳，視線循左拳食指根節向右前方遠看，意在左拳。（圖 222，223）

感覺：左腳如樹植地生根，小腿發脹、發熱，左拳

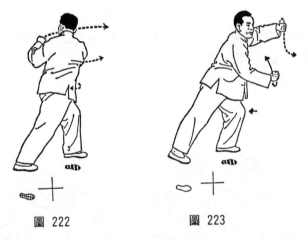

圖 222　　　　　圖 223

心與右腳心發動。

　　用法：接上動，在我隨其來勢以雙手往外往上一帶之後，隨即兩手握拳提至左耳旁，復向右前方橫擊敵之腋下神經，這時敵即應手而被發出很遠。（圖 34-9，34-10，34-11，34-12）

圖 34-9　　　　　　　　圖 34-10

圖 34-11　　　　　　　　圖 34-12

三十五、卸步搬攔錘（四動）

〔命名釋義〕此式指向後撤步之同時，以兩掌向左、右搬移對方之來力，然後用左立掌攔阻來手，隨之，以右拳進擊其肋、胸部之意，故以此為名。

〔動作圖解〕

第一動 兩掌右搬：左拳屈肘外旋至左肋前，拳心翻轉向上；右拳屈肘內旋至左胸前，拳心向下與左拳上下相對（中間距離約十公分，即一拳高）之後均變掌，一同向右前方伸出（即搬），右掌以臂舒直，掌心向下，左掌掌心向上（位於右掌腕後肘前）；同時，鬆右膝，往後坐身，重心集於右腳，收左腳，向左後方撤一大步，虛著地面，視線先隨左拳，變掌後隨右掌食指尖，意在右掌掌心。（圖224，225）

圖 224, 225

感覺：四肢韌帶引長，特別舒適，右腿發脹、發熱，兩肋舒暢。

用法：如對方以右拳擊我前胸，我則雙掌分為前後粘其臂腕向右搬開（使其來力之方向轉移），同時左腳後撤一步，腿之膕窠舒直與前腿形成弓步。（圖35-1，35-2，35-3）

圖 35-1　　　　　　　　　圖 35-2

圖 35-3

　　第二動　兩掌左搬：右掌屈肘外旋撤至右肋前，掌心翻轉向上，左掌同時內旋，掌心向下，與右掌上下相對（中間距離約十公分）之後，一同向左前方伸出，左掌以臂舒直，掌心向下，右掌掌心向上（位於左掌後肘前）；同時，鬆左膝，往後坐身。重心集於左腳，收右腳，向右後方搬一大步，虛著地面，視線注於左掌食指尖，意在左掌掌心。（圖 226，227）

　　感覺：四肢韌帶引長，特別舒適，左腿發脹、發熱，兩肋舒暢。

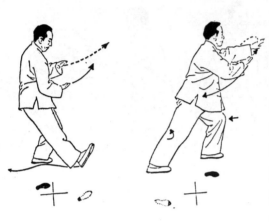

圖 226,227

用法：如對方復以左拳擊我胸部，我則以雙掌分為前後粘其臂腕向左搬開，使其來力之方向轉移，同時，右腳向後退一步與前腿形成弓步式。(圖35-4，35-5)

第三動 左掌回攔：鬆腰，重心漸移向右腿，左掌仍以食指引導，走外弧形，向左後将，右掌在下隨之，重心完全移到右腳成右坐步，左掌向正前方上伸，食指遙對鼻尖，掌心向右，右掌漸變為拳往右後下方撤到胯

圖 35-4   圖 35-5

圖 228　　　　　　　圖 35-6

上為度，重心集於右腳，視線經左掌食指尖平遠看，意
在左掌掌心。（圖 228）

　　感覺：右腿發脹、發酸、右拳心與左腳心同時發熱。

　　用法：如對方以右拳擊我前胸，我即向後撤步退身，
並以左掌攔阻其右臂使不得前進，這時，右手握拳置於
右肋旁準備待發之勢。（圖 35-6）

　　第四動　　右拳前伸：右拳漸向正前方伸出，伸到左
掌掌心右側，左腳落平成左弓步式時，右拳繼續前伸，
以右臂舒直為度，右拳食指中節遙對鼻尖。重心在左腳，
意在左掌，視線經右拳上面向前遠看。（圖 229）

　　感覺：左腿發脹、發熱，右臂引長。

　　用法：接上動，當我用左掌阻住對方之右臂之後，
隨之，將右拳（錘）從對方右臂下邊向前進擊敵胸或右
腋下之神經。（圖 35-7）

圖 229   圖 35-7

三十六、如封似閉（二動）

〔**命名釋義**〕此式指兩臂之交叉時形成斜十字狀，
好像封條一般兩掌前按之動作形式又好像用手關門一
樣，兩掌所運轉之動作，在術語上叫做封格截閉之手法，
故取此名。

〔**動作圖解**〕

第一動　兩掌回捋：左掌移在右肘後側（掌心向右），
重心漸移於右腿，右拳隨而後撤到與左掌相齊時，拳舒
為掌，兩掌左右分開，寬與肩齊，掌心向後，十指向上，
兩肩鬆力，兩肘下垂，腕與肩齊，鬆腰，坐身成右坐步
式。重心集於右腳，視線向正前方平遠看，意在兩掌掌
心。（圖 230，231）

感覺：右腿發脹、熱、酸，兩掌掌心與大指指尖均
發熱，發脹。

圖 230, 231

用法：如果我的右手腕和肘部被對方抓住或按住時，我則以左手環轉之力，用肘的中部划撥開對方的手之後，以便撤出右手來，往左右分開，這時已將對方拿（提）起。（圖 36-1，36-2）

圖 36-1

圖 36-2

第二動　兩掌前按：兩掌以小指引導，掌心漸向外轉，漸而向正前方按出。同時，重心漸移左腳落成左弓步式，兩掌向前按至極度，掌心向外，臂彎微曲。重心集於左腳，視線由兩掌中間向正前方平遠看，意在兩掌

圖 232　　　　　　　　圖 36-3

掌心。（圖232）

　　感覺：左腿發脹、發熱，兩掌掌心蠕動。

　　用法：接上動，在我分開雙掌拿起對方之後，隨之，再按取捋的手法直奔對方的左肩外側，或對方的正中部分推擊而放之。（圖36-3）

三十七、抱虎歸山（十字手收式）（六動）

　　〔**命名釋義**〕此式動作是指兩臂分開轉身攔抱，而後兩掌合成十字於胸前，作為拳套終了之式，即恢復還原為起式狀態，故取此為名。

　　〔**動作圖解**〕

　　第一動　雙掌前伸：兩腕鬆力，十指指尖向前舒伸，兩掌掌心向下按，以重心完全集於左腳為度，視線由兩掌中間平遠看，意在兩掌掌心。（圖233）

　　感覺：左大腿熱得厲害，兩臂引伸，掌心發熱，指尖發脹。

圖 233　　　　　　　　圖 37-1

　　用法：如對方仍以雙掌向我推來，我則以兩掌由其前進當中向左右分開，復向前推其胸，或向下沉按其胸。這時，對方應手倒退出很遠。（圖 37-1）

　　第二動　　兩掌展開：右掌以食指尖引導，向右移動到正南方時，右腳以腳尖為軸，腳跟虛起向左移，以腳尖向南腳跟向北為度；右掌再向右移動到正西方，左腳跟向左移，亦以直向南北為度。當右掌向右前方移動時，左掌向左展開，兩掌掌心向下，兩臂均與肩平。重心集於右腳，視線注於右掌食指尖，意在右掌掌心。（圖 234）

　　感覺：兩臂引長，胸、背部特別舒暢。

　　用法：如對方以左拳向我胸部打來，我則以左掌粘其左手腕略微向左一帶，同時向左轉身。進右步鎖住對方之後腿，再將右掌展開靠近對方胸腹部，兩掌掌心均向下。（圖 37-2，37-3，37-4）

　　第三動　　兩掌上掤：右掌以大指引導，掌心漸向右

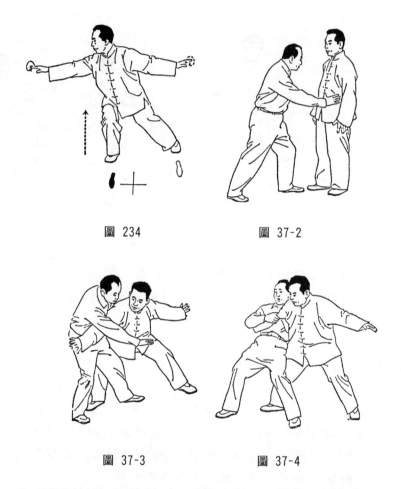

圖 234　　　　　　圖 37-2

圖 37-3　　　　　　圖 37-4

上方翻轉，轉至極度時，身隨掌起，左腳收到右腳旁，
虛著地；同時，左掌虛隨與右掌成同樣動作，兩掌到正
前方處腕部交叉，左掌在外，掌心向右，右掌在內，掌
心向左，十指指尖向上。重心集於右腳，視線由交叉兩
掌中間向前上方遠看，意在兩掌指尖。（圖 235）

圖 235

感覺：兩肋舒暢，兩掌掌心發熱，十指指尖發脹。

用法：接上動，當我將對方兩腿鎖住和兩臂展開貼近其胸腹間之際，隨之，將兩手掌掌心翻轉朝天之同時，長身並步（左腳向右腳靠攏）。這時，對方已被我抱起後又摔倒在地。（圖 37-5，37-6）

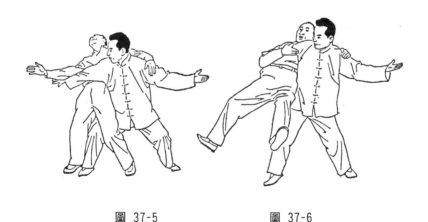

圖 37-5　　　　　　　圖 37-6

第四動　兩肘下垂：兩膝鬆力，漸向下蹲身，兩肩鬆力，兩肘漸向下鬆垂，兩臂左右交叉搭成斜十字橫於胸前，以兩腕高於肩平為度。重心在兩腳，兩眼由交叉兩掌的中間向前平遠看。意在兩掌指尖。（圖 236，237）

圖 236　　　圖 237

感覺：全身鬆軟、舒適，妙不可言。

用法：如敵將我抱住時，我即隨其抱勁做升降之動作，並將兩臂交叉成十字狀，使兩肘向下沉採，這時，對方即應手而跌坐在地。（圖37-7，37-8）

第五動　兩掌合下：兩肘兩時鬆力，向左右平分，兩掌亦隨之漸分漸落，落至前胸時，使左右兩掌的中指尖相接觸，繼之，食指尖相接觸，最後拇指尖相接觸。兩眼注視食指指尖，重心仍在兩腿，意在手背（即外勞宮）。（圖238）

感覺：腰部（命門）火熱，兩手心和兩腳心發熱，兩大腿和兩小腿發脹、發熱。

用法：十

圖 37-7　　　圖 37-8

圖 238

字手的用法，在太極拳中占重要地位，因它是在「十字和圓轉當中求生活」，所以說太極拳全可以由雙手交叉中變動出來的。十字手不外是一開一合，開有法，合也有法，也就是一顧一進的方法。進與顧要用的合適，不可有快慢，不然就會有措手不及的可能。（圖37-9，37-10）

　　第六動　太極還原，兩腳腕鬆力，兩膝鬆力，這時，身體自然立起，兩眼視線離開食指尖向正前方平視，繼

圖 37-9

圖 37-10

之，兩肩鬆力，兩肘鬆力，兩手腕鬆力。在做上述動作時，在意識上要形成落肩、落肘、落手的想像，猶如腐爛的牆皮一碰即落。最後，還要想像手指甲由拇指至小指依次脫落。（圖239，240）

感覺：通身是汗，渾噩一身，輕鬆愉快，全身各部關節動作靈活，血貫指尖，精神煥發。

用法：如對方用雙手將我推得站立不穩或失去重心時，我則意想「命門和丹田」，即可穩如盤石。（圖 37-11，37-12）

以上所介紹的是太極拳三十七勢的全部動作和每個姿式的用法。當整套架子盤完之後，須回憶一下在盤架子當中，有哪些姿式或動作做得不夠理想，如果有，就把它們提出來單獨練習，直至練到順遂自然為止。

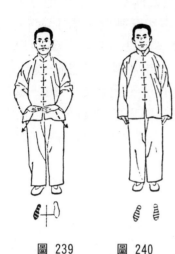

圖 239　　　圖 240

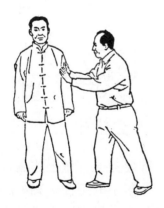

圖 37-11

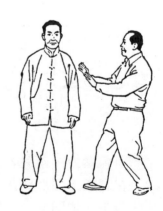

圖 37-12

第三章　太極推手原理

一、什麼是太極拳推手

太極推手和盤架子是太極拳一個整體的兩個部分。盤架子為拳之體；推手為拳之用。所以說學會了盤架子，還要學會推手，這才是體用兼備。

因為太極推手是一種知覺運動，是鍛鍊身體中的神經末梢靈敏性，所以要練得和蟋蟀頭上的觸覺一樣敏感；它的動作反應不僅是那樣的快速，而且能指揮身子的進退和變化及騰挪閃戰等技巧的機智靈活。從而，能夠使學者提高學習情緒和推敲之趣味！這也就是推手對健身的作用與目的。

所謂「推手」二字是太極拳中的術語，有說搭手的，也有說靠手的或揉手的，名稱不一。各派拳術家也都有此鍛鍊，以練習進身用招的方法。太極拳術以懂勁為拳中要訣，懂勁初步是使皮膚富於感覺力，此感覺力的鍛鍊方法，在兩人的肘、腕、掌、指互相搭著循環推動，以皮膚與皮膚壓迫溫涼的感覺，以察知對方用力大小、輕重、虛實及經過方位，這樣練習久了，神經系統的感覺就特別靈敏，並能粘走互助，對方稍微一動，自己就會知道對方發勁的目的和可能的變化，這樣才能算懂勁，懂勁後愈練愈精。

由此可見，推手是磨練感覺，以為應用，即在感覺之靈敏與否而分。感覺之用，有如間諜，所謂知己知彼、

百戰百勝，感覺即是知己知彼的工具。所以說推手的原理並不十分複雜，盤架子主要是從練姿勢中鍛鍊身體的平衡，就是不論怎樣運動，也要始終保持身體重心的穩定。推手則是在對方的推動逼迫下，仍要不失掉自己的重心。相反，還要設法引動對方失掉重心，這就比盤架子難了一步。

在兩人推手時，要時時刻刻注意自己的重心平衡穩定，同時要想方設法破壞對方的重心，使之失去平衡。所以過去說：「盤架子以求懂自己之勁；推手以懂他人之勁。」這話的意思是說，盤架子和推手本屬一體，欲要真知必須通過實踐，才能達到知己知彼、百戰百勝之目的。

在實踐當中，無論練習推手或盤架子都一樣，必須要守規矩，力求姿勢、手法正確。推手時兩腿的重心要分明，弓步要弓得夠度，坐步要坐得扎實，身法和盤架子一樣，力求「中正安舒」、「不偏不倚」；手法要認真鍛鍊，必須把掤、攦、擠、按、採、挒、肘、靠等每一手法練到正確。因此，對初學推手的人，只要求打輪（兩人合作，即甲掤乙攦，甲擠乙按地按照掤攦擠按四字循環無端的推動）。過去推一次手，須要打幾百個輪或幾千個輪，甚至打上萬個輪（由甲攦手開始計算，再至攦手時算一輪）。待練習熟練之後，才可以問勁。

推手時，視線的變動大體和練拳一樣隨手轉移，要這樣按規矩把動作姿勢練得正確沒有偏差，養成習慣，有了好的基礎再進入高級階段就容易了。

二、練習推手時應注意哪些問題

㈠**要循序漸進，不要急於求成** 功夫是由積累而成的。推手有定步推手、活步推手、大攦、插助、折疊和老牛勁及爛採花（採浪花）等之分。其中定步推手是推手的基本功夫。所以學推手應先從定步推手學起。

所謂定步就是不動步，主要是後面的腳不允許移動，移動就算輪招。因此，在練習推手時，只要求放長身手互相推逼，在被逼時只許擴大「坐身」的勢子（即前腳虛步、後腳屈膝略蹲），以容納對方的推逼，然後順勢化開，不許用勁撥開，到逼得實在化不開時，才許被逼有順勢退步，如果退半步夠了，只退半步，不許多退，在進退過程中始終保持與對方的接觸點不脫離開為要。照這樣練久了，沾粘勁也就隨之練出來了，有了相當功夫以後，再練折疊法（加大腰腿的活動範圍）、大攦 等，進一步增大腰腿功夫。

㈡**不要過早的問勁** 俗話說：「熟能生巧」，推手更是如此。待真正懂勁之後，就自然會利用技巧去「以小勝大」、「以弱勝強」、「以柔克剛」，做到所謂「四兩撥千斤」了，拳譜所謂「四兩撥千斤」之句，是說，在推手中的一種能夠得到最高效率的打法。而這種打法的練習方法首先是要做到「不丟不頂」，不丟的意思是不丟掉或者不離開地緊緊跟住對方。但是，在實際上要做到不是那麼簡單的。

這裡的不丟是用感覺去粘住對方的手臂，自己的手臂一面跟隨，一面微微送勁，驅使對方陷入不利或者不

穩的形勢，這時，如覺對方沒有反抗之力（即覺重裡現輕）便可隨時將其發出，如覺對方的接觸點感到沉重發不動時，應及時將接觸點微微一鬆，使對方感到一空，隨即發之，可將其發出更遠，這是利用「不頂」之法，先把對方拿起來，然後再用「不丟」之法將對方發出去。「不頂」二字，從字面上很好理解，只要手上毫不用力，任憑對方擺布就成功了。

但是，推手時並不完全是這樣，因為任憑對方擺布是使自己處於被動地位，而「不頂」則是以主動的精神去適合任何動作。在推手時，能夠接受對方的擺布是需要的，但同時還須用感覺來偵察和了解對方的動作的虛實變化，然後以自己的動作去適應它。

㈢忌犯「雙重」之病　如遇到對方用力打來，立即還手抵抗，那麼就違反了太極拳中最重要的也是最忌犯的「雙重」之病（雙重之病是具體講解在後面）。像這種見招打招、見式打式的攻防手法是屬於先天自然之能，這是一種本能，而太極拳是不採用這種手法的。

太極推手所採取的手段是以「先化後打」，而且在打擊之前要造成「我順人背」的形勢，然後趁機追擊，用力不多即可取勝，這就是按照拳譜中所說的：「人剛我柔謂之走」。其意思是說，無論對方發出來的力或大或小，自己都把它比喻為「剛」來看待，不和它作對抗，總以柔化為主，因而謂之「走」，即三十六招走為上策。所謂「我順人背謂之粘」的意思是說，在自己想發招之前，首先要求「順」，順是得機得勢；其次是解除「背」，背是背著勁，不得機不得勢。

而要使身體由難受變為舒服的話，就必須按照拳譜中所說「身有不得機不得勢處，必須於腿求之」的話去做。否則，便是捨近求遠。這就是說，在推手時，當腰部感到難受不舒服，即背著勁時，「動一動腿」就解決問題了；如感到腿上背著勁，別扭、吃力不舒服時，「動一動腰」也就解決問題了。若按這個要領去做，便會使難受變為舒服，也就是由「背」轉「順」了。同時應該注意，當本身感到得機得勢，身上特別舒適時，不用問，對方正是處在不得勢；身上感到難受、別扭、不舒服時，即背著勁的情況下，相反，這時候對方從心裡感到特別舒暢，身上有一種說不出的得意、通順之感！由此可知「我順人背謂之粘」就是說，我順人即背，當我順的時候，也就是發招的時候。

切記，發招時要刻不容緩，一緩機失，即前功盡棄。所以說：「機不可失，時不再來。」這點是很重要的。因此，我們鍛鍊的不是在本能上加工，使它快而有力，而是在本能上加以抑制，即用意不用力。使它用得更為適當，更為有效。

所謂「不丟不順」這兩種法則，在推手中訓練進攻或防守占重要地位，使進退關係密切，做到不即不離，甚至達到連綿不斷形成一體。其練習的方法是兩人輪換做進攻或防守動作。

比如對方只進一寸，我就給他一寸，進一尺，我就給他一尺（切記給時要走弧線），決不少給，也不多給。少給犯「頂」的毛病，多給犯丟的毛病，應掌握好恰到好處。然而，練習「不頂」時必須同時動腰坐身，不能

只靠手上應付，手法與身法要配合協調一致。否則，手回身不回，反要給對方以捨手攻身的機會。推手主要靠腿的功夫。鍛鍊腰腿除了注意基本功的練習（如弓、馬、仆、虛、歇、坐等步法和身法的扭轉變換）之外，還應注意兩點：第一，先求開展；第二，後求緊湊。過去推手有閉住門戶和敞開門戶之說，意思是防人進攻之時應緊守門戶，但也不完全如此。如果腰腿有功夫的話，就可以敞開門戶，誘敵深入而把他放進來。

相反的只是在縮小門戶用功夫，而沒有開放門戶的素養，當應用時，遇到門戶被人打開的情況，便要驚惶失措，所以練功夫要先求開展，後求緊湊。這和學習書法是一個道理，欲要寫好小楷應先從大楷入手。等大楷寫得有相當功夫了，再寫小楷也就成功了。比如過去，見到那些好的墨筆字，雖然是蠅頭小楷，但從它的全貌看來，則表現出和大楷一樣舒展大方，帶勁有神。從而說明小楷能有如此傳神之程度，是由於在大楷上曾用過相當的功夫，才會有如此成效。

所以，不論寫字也好，練拳也好，推手也好，都要按照規矩循序漸進，先求開展，後求緊湊地去做。因此練慣了緊湊再求開展是比較困難的。

太極拳的推手功夫，要求先練開展的目的是為了能夠做到「上下相隨人難進」和擴大「粘連黏隨不丟頂」的高深功夫的訓練手段，這種訓練方法，可使得感覺更靈敏，聽覺更清楚，問勁答之更準，虛實更分明。所謂感覺：身有所感，心有所覺，有感必有覺，一切動靜皆為感，感則有應，所應復為感，所感復為應。所以互生

不已，感通之理，精義之微以致用。推手初步專在磨練感覺，感覺靈敏則變化精微，所以無有竅盡。

所謂聽勁：聽之謂極，即權其輕重的意思，在推手為偵察敵情。聽之於心、凝之於耳，行之於氣，運之於手。所以說以心行意，以意導氣，以氣運身，聽而後發，聽勁要準確靈敏，隨其伸就其曲，乃能進退自如，都是以聽勁為依據的。

所謂問答：我有所問，彼有所答，一問一答則生動靜，既存動靜又分虛實，在推手時，以意探之，以勁問之，俟其答復，再聽其虛實，若問而不答則可進而擊之。若有所問，則須聽其動靜之緩急及進退之方向，始能辨別出對方真正的虛實變化，須通過問答而得之。

所謂虛實：猶如將帥交鋒之用兵。兵不厭詐，以計勝之。「計」就是指虛實變化多端的意思。拳術開始是這樣。姿勢動作，用意運勁各有虛實，知虛實而善利用，雖虛為實、雖實猶虛，以實擊虛，擊虛避實，指上打下，聲東擊西，或先重而後輕，或先輕而後重，隱現無常，沉浮不定，使敵不知我的虛實，而我卻處處打敵之虛實，彼實則避之、彼虛則擊之，隨機應變，聽其勁，觀其動，得其機，攻其勢。因此，須要知道虛實宜分清楚，一處自有一處的虛實，處處總此一虛實，了解道理之後，再默識揣摩，才能漸至從心所欲。

另外還應該知道「量敵」之法。則以己之長當人之短謂之得計，以己之短當人之長，謂之失計，取勝之法在得失之間，所以說·「量敵」是最關鍵的問題。

太極拳之所謂問答即問其動靜，目的是聽其動之方

向與重心。即偵察敵情之意。所謂量敵即在彼我尚未進行攻擊之前，應以靜待動，毫無成見，彼不動我不動、彼微動我先動，這主要在於彼我相交，一動之間，即知其虛實而應付之。但是，不要犯雙重之病。

所謂雙重：雙重就是虛實不分的意思。雙重有單方與雙方之分，有兩手與兩腳之分。太極拳經云「偏沉則隨，雙重則滯。」又云：「每見數年純功不能運化者，率皆自為人制，雙重之病未悟耳。」所以說雙重之病是很難自悟自覺的，除非懂得虛實變化的道理之後，才能避免雙重之病。反之，則被人所制。雙重之病，在太極拳中最忌犯，假如對這點沒有充分的認識和了解，決不會練到高深的程度。許多練了很長時間沒有進步或不能運化，都是由於犯了雙重之病的緣故。

兩腳不分虛實同時用力著地，使身體的重要分支於兩腳上時，即叫做雙重。反之，兩腳同樣用力，但全身的重量卻完全集中於一腳之上，而另一腳的用力和軀幹的用力相平衡，適合於力學上的支點的定則便不是雙重，這是一般對於雙重的解釋。

不過，一般學者對於非雙重的姿勢，大致都很糊塗，每以為虛腳無需用力，不知特別是虛腳用力能合於力學上作用力點和反作用力點相平衡，而使身體的重心才能達到穩定，不過虛腳的力量要用在空處，不可使它著地（即指的是趁勁，這也就是秤砣秤杆之勁）。假如虛腳有力的擱置地上，則身體必成散亂的現象。重心也必致偏倚。

王宗岳的太極拳論中所謂：「偏沉則隨」，即指雙腳

無力而言，與雙重屬毛病的一種。所以說：「虛非全然無力，實非全然站煞。」內中要貫注精神，即上提之意。學者對於這一點如不能認識清楚，則雖已犯雙重之病，卻又犯了偏沉之病，顧此失彼還有缺點。

根據此理，雙重之病好像不難理解，怎麼花費多年功夫尚未能領悟呢？原來以上是簡單的說法。其實雙重是一種現象並不是固定的形態。主要是將全身任何部分在任何時間不發生呆滯的現象，也就是要保持有高度的靈活性。尤其在推手時，之所以會被人打擊或身體的一部份會被人打著，其原因都是由於犯了雙重之病。否則，決不會被人打擊或打著，所謂不犯雙重之病，也就是使身體任何一部份都能很迅速地，連續不斷地，有虛實的變換。假使實的部位在某一時間要發生動搖的時候，要用意識立刻使它變虛。反之，也是一樣。總之，不使它有固定形態的時候。

拳論所謂「左重則左虛、右重則右杳」也就是指這種變化，彷彿虛實變換不息的意思。至於不要犯雙重之病，可以由大到小去練，當練到精微時，即每寸的地方都能夠不犯雙重之病，甚至於一指之微，或像一根頭髮絲之細也不要犯雙重之弊病。

不過，這樣精密的練法，初學者是無從領悟的，不要操之過急，起初還是應該在形式上去捉摸體會，由淺入深的練習，這樣自有成功的一天，初學練太極拳或推手時，轉圈的幅度要大，練習日久後，轉圈要逐漸縮小。

圓形動作是達到和諧與連貫的必要前提，練到成熟後，逐漸達到「得心應手，心身相應」的境界，就能夠

一動無有不動，一圈無有不圈（外形有：手圈、肘圈、肩圈、胸圈、胯圈、膝圈、足圈；體內有：內臟作輕微的的旋轉、按摩、暢通經絡、循環系統、內外、上下、左右自然柔和地同時協調動作）。因此，可以說太極拳練起來「全身都是圈」、「全身處處是太極」、「精已極、極小亦圈」。這是由大圈練至小圈練至無圈；由開展漸至緊湊，由有形歸於無跡的最高級的技術成就。由極小的圈練到外形上看不出有圈，是指有圈的意思而沒有圈的形式，這樣的境界是只有下功夫極深的才能做到。

在太極拳和推手的長期實踐中，都能體會出功夫越深者，身體各部位的轉圈便越小越細致、越正確協調，達到所謂「緊小脫化」的境界。

轉圈不論大、小圈、無圈（看不出有圈的形狀），都由內勁作主導，內勁是通過長期鍛鍊，用意識貫注而逐漸形成「似鬆非鬆，不剛不柔、亦剛亦柔、似剛非剛、似柔非柔、剛柔相濟」極為沉重而又極為虛靈的一種內勁。功夫下得越深、內勁的質量也就越高。

內勁發源於腹部（丹田），丹田勁如以十分計算，用意將達六分，往上行分達兩肩，纏繞運轉至臑、肘、腕、掌透達於兩手指尖，先小指，依次至無名指、中指、食指、大指。將四分勁往下運行經胯分達兩腿，纏繞運轉至膝、足透達於兩足趾，先小趾依次至大趾，這個隨著動作的開展、引伸、呼氣而運轉纏繞到四肢（兩手指尖兩足尖）的，是由內而外的順旋，叫做進旋勁。等到內勁貫到九分、神氣貫到十分，姿勢似停止的時候，開展的動作轉化為合聚，引伸的動作轉化為回縮，呼氣將盡

轉化為緩緩吸氣，這時內勁之上下運行到四梢後，復由原路線纏繞返回至腹部（歸原），這是由外而內的逆旋，叫做退旋勁，這種運勁的方式方法，叫做「飛身法」。

太極拳所以在練習時必須緩慢，不能快速的原因，就在於追求「行氣如九曲珠無微不至，運勁如百煉鋼無堅不摧」的鍛鍊方法。開頭用快速練法，必然處處走入油滑，做不到處處恰到是處。

只有練慢的功夫到一定程度後才能開始由慢到快，快後復慢即能慢到十分，又能快到十分，如此反覆鍛鍊，使得極虛極靈，又能極輕極重，快慢隨心所欲，這種內勁的質量是無限止的，內勁越是充沛沉重，越能顯出輕靈的作用，加強了忽隱忽現的效果。

在練習太極拳和推手時，必須注意：「不要使用無謂的力。」「不要用力。」每個初學太極拳的人常會聽到這樣的告誡。的確，太極拳真是柔軟溫和的拳術，不必親自去試驗，就是旁觀者看來也會覺得好像是一點沒有使勁。但是肢體的動作是絕對不要用力嗎？不用力是否將會失去拳術的功用？稍加思索一定會發生這樣的疑問。

實際上我們知道，除了睡眠的時候，神經系統功能均呈抑制狀態，一切行動決不能不用力來維持的。就以平常的步行來說，假使兩腿不用力交互運動，身體便不能前進，這是極明顯的事實，何況拳術是全身運動的一種，施演時怎麼能不用力呢？並且退一步說，即使能夠做到不用力的程度，則肌體和肌肉勢必停止運動而鬆弛、靜止，這樣還能發揮拳術的功用嗎？

所以「不要用力」這句話是有語病的，應該說：「不

用無謂的力」（即用不著的力量不要用它的意思）。而太極拳形式之所以柔軟溫和，只不過是動作緩慢所致，並不是不使力的現象。

一般對於「不要用力」的作用的解釋是這樣的，所以常有用本身具有的力叫「拙力」，拙力也叫浮力並不是真力（即內勁），拙力沒有什麼效用，非真力不能顯示太極拳的功能，拙力的存在會妨礙真力的產生，所以必須把拙力化盡，真力才會產生，而「不要用力」便是化去拙力的有效方法。這種說法比較抽象，其實所謂拙力與真力，不過是由於「無謂的用力」而構成體力的散亂，和「不使無謂的力」以後，能使體力集中的兩種不同的現象。所謂不要用力的作用，也就是用不著的力量不要使用，而自然會使體力集中於一點，則起到效應最大的作用的意思。

何以謂是：「無謂的用力」？無謂的用力其弊害是以構成體力的分散，從而減低了動作的效果。例如：假如我們把體力完全應用在兩腿，則有每小時步行二十里的能力，但假如有「無謂的用力」的部分時，便不能有這樣的成績了。一般人對它並不留意，因此，在平常的行動中，「無謂的用力」的弊害似乎不甚顯著，但在拳術上便很顯著了：

第一，增加體力的消耗量，使身體容易疲勞，不能維持長久運動；

第二，因為體力的分散，使需要用力的部位用不出很多的力，致使功能減低。所以不使「無謂的用力」是必要的。

　　欲解除「無謂的用力」的方法並不難，即在運動的時候應該注意認清每一動作所必須用力的部分、和不需要用力的部分的分界，然後，注意後者如察覺有用力的現象時，立刻以意識使它鬆弛，這樣注意時間長了，便不會有「無謂的用力」的現象，體力即漸漸集中。但由於一般人平時對此並不注意，「無謂的用力」已成習慣，明明只用一雙手用力的動作，常會呈滿身用力的現象。因此，初學的人對於應有的用力和「無謂的用力」是很不容易辨認的。要做到「不使無謂的力」，必須在開始運動之前，作一度全身鬆弛的狀態，除去軀幹欲維持它直立的安定，稍許要有一點支撐的力量外，其餘肢體都不許用力，以便明了不用力的現象。

　　太極拳的開頭不是有個「預備勢」的姿式嗎？它的作用是這樣的：在做了「預備勢」之後，再慢慢地運動全身盡量鬆弛，這樣便會使該用力的地方自然就會有力產生，而不該用力的地方，由於全身鬆弛的緣故，「無謂的用力」的消耗也就減少了。經過細心的體會，應該用力與「無謂的用力」的分界自然清楚了。

　　要注意「捨己從人」的要則。因為太極拳所用對敵的方法是「以靜制動，以逸待勞」。這就說自己不作主張、處處總是聽從於對方，以對方的意見為意見。在初發點時我們可以這樣做，但不能始終這樣做。應本著拳論中所說「動急則急應、動緩則緩隨、雖變化萬端而理為一貫」的道理去做。

　　這就是說，他有千變萬化，我有一定之規。我們根據這句話的意思，作為應敵的法則，無論你用什麼辦法

來引誘我，我總是有一個固定的目標，不會被你牽動，但應注意觀察對方向何方來去，即隨其方向以「不丟不頂」的方法應付對方，使他落空或跌出。

相反，如自作主張，不知隨對方動作而動作，加以抵抗，這就是不能捨己從人，而是捨近求遠了，也是犯了「雙重之病」而失敗。所以，在練習推手時；在這一點應多加注意為要！

三、太極推手對身法的要求

下面著重介紹一下吳氏太極拳的基本動作要領和要求及如何提高鍛鍊效果。

我們要知道打太極拳和太極推手都是強調不用力氣的，而是以鬆力、沉氣、用意為主。因此，順乎人體運動的自然規律而製訂了「輕慢圓勻」四個要點，作為初學階段的基礎訓練，這基礎訓練要從身法著眼，因為身法既是最基本的、也是始終最主要的一個法則。由於每一個姿式的組成，都是通過手法、步法、身法和眼神動作變化協調配合而形成的，所以對於身法必須要求嚴格，方能練出精湛的功夫。

太極拳的身法主要有九個法則，就是：鬆肩、沉肘、涵胸、拔背、裹襠、溜臀、鬆腰、抽胯、頂頭懸等。對於為什麼要鬆肩、沉肘？涵胸、拔背、鬆腰、抽胯等等都有些什麼作用？應怎麼練習和怎樣掌握的實際問題，一一簡介如下：

第一　為什麼要鬆肩呢？

因為肩、肘、腕這三個部位有密切的連帶關係，所

以肩關節若能鬆開的話，就可以把全身的力量集中到手上去。反之，肩不能鬆，則必僵硬，便影響了手法的靈敏性。這就是所謂鬆肩的作用。這裡順便先談談手法的要求，手法須要氣勢騰挪，有欲動之勢，無散漫之意。主要在於兩肩必須鬆開不使絲毫之力，手勢本無一定，不管抬起、垂下、伸出、屈回總要有相應之意，何時意動何時手到，換句話說，就是得心應手。

現在說說鬆肩的練法和如何掌握的問題。

鬆肩的練法，就是用意想像把肩部的肱骨頭向裡和肩胛骨相貼緊，之後馬上離開再向下引長。

掌握鬆肩的方法，只要用意念想一下「肩井穴」就可以了。

第二　為什麼要沉肘呢？

上面已經談到肩、肘、腕的密切關係，因為要把全身的力量運到手上去，不但要鬆肩，還必須沉肘。所謂「肩鬆氣到肘，肘沉氣到手，手心一空氣到指梢」就是這個意思，這也就是沉肘所起的作用。

沉肘的練法就是以意想著肘尖好似接觸到地面上，使手腕產生有活動的感覺就成了。

掌握沉肘的方法，只要肘尖常有下墜之意，或用意一想「曲池穴」就成了。

第三　為什麼要涵胸呢？

因為涵胸有兩種顯著的作用。第一是涵胸可以使氣不上浮，所以為了能使氣向下沉，則必須涵胸，第二是涵胸動作對於兩腿的起落和進退，有著很大的輔助作用。拳之諺語：「腿之變化、運籌在胸。」這就是涵胸的作用。

涵胸的練法，應注意胸部不要挺凸，也不可向內太凹陷而是往下鬆，兩肩微向前一合就成了。

掌握涵胸之法，是以意想兩乳、從乳頭往下沉氣至肚臍以下即可。

第四　為什麼要拔背呢？

因為拔背是為了避免脊柱鬆弛過度和產生低頭彎腰等現象，所以用拔背來控制。此外，拔背在技擊時，還起著發力的作用。

拔背的練法是，以意想像在兩肩正中間脊椎骨（即大椎）處，有鼓起來的意思就行了。但不可有意識地向上抽拔。兩肩保持靈活，不可低頭為要。

掌握拔背的方法，只有用意想著脊背的高骨（即大椎）處，約有 10 公分的面積和貼身的衣服相接觸就成了。

第五　為什麼要裹襠呢？

因為能做到裹襠時，便會使身體的動作特別輕靈活潑：由於做此動作可以使肛門的闊約肌收縮，能起到氣沉而不散的作用。

裹襠的練法是，心意不能想襠，若意一想襠，想襠不圓，所以當練此動作時，只要注意兩膝著力有內向的意思，兩腿如一條腿，能分虛實就成了。

掌握裹襠的方法，主要在於同側的膝蓋尖要與腳尖始終保持成上下垂直線，永不變形就可以了。

第六　為什麼要溜臀呢？

因為溜臀可以使尾閭中正，身體端正安舒，並且能提起精神！這就是溜臀的作用。

溜臀的練法是，注意兩肋稍微收斂一下，取下收前

合之勢，內中感覺鬆快。同時兩腿的股四頭肌用力，臀部前送脊骨根向前托起小腹就成功。

掌握溜臀的方法，只要注意收臀不突臀就行了。

第七　為什麼要鬆腰呢？

因為鬆腰可以使重心下移，達到平衡穩定，這是它的主要作用。並且在技擊方面的化、發勁，鬆腰起的作用也很大的。

鬆腰的練法很簡單，只要注意一收小腹，腹部自然向下鬆垂，重心穩定。

掌握鬆腰的方法是，要想鬆腰時，不要想腰，只將腹部略微一收就行了。

第八　為什麼要抽胯呢？

因為要使步法不亂而有規律地進退，所以要抽胯。這也就是抽胯的作用。

抽胯的練法，是要注意如邁左步時左胯微向後抽，同時右胯微向前挺。反之亦然（右邊相反）。這樣可使步子的大小一致。

掌握此法，是要注意兩肩與兩胯保持上下對正即成了。

第九　為什麼要頂頭懸呢？

因為頭部為人的一身之綱領，俗語說：「人無頭不走，鳥無翅不飛」即指此而言。拳論中說：「精神能提得起，則無遲重之虞」、「尾閭中正神貫頂，滿身輕利頂頭懸」。由此可見，頂頭懸在身法中甚為重要，所以對它的練法有許多不同的認識和理解，有的認為頭頂好似懸掛在上空；有的認為在頭上頂著一物；有的認為頭頸正直；不

低不仰、神貫於頂、提挈全身。我認為尾閭中正與頂頭
懸的關係最為密切，所以練拳先求尾閭中正即將脊骨根
對正臉的中間，隨之，收一下小腹，然後兩眼向前平視。
同時，下頜微向內收，保持喉頭永不顯露出來就成了。
這就是頂頭懸的練法。

掌握此法，主要在於眼神向前平視和喉頭不要拋露
即成功。由此可見，練拳時眼神特別重要。

神聚於眼（宜內斂不可外露），眼是心之苗，意從心
中生，我意欲向何處，則眼神直射何處，周身也直對何
處，一轉眼則周身全轉，視靜猶動，視動猶靜，總須從
神聚中來。

總之，各條身法必須一一求對，結合起來，只有一
個身法，一處不合全身都乖，所以身法是永不許錯的，
雖千變萬化，總難越出此身法。

所謂步法虛實分清，虛非全然無力，內中要有騰挪，
實非全然站煞必須精神貫注。騰挪謂之虛、虛中有實；
精神貫注謂之實，實中有虛。虛虛實實、實實虛虛即是
這個意思。

另外，太極拳有折疊之術，有轉換之法。

所謂折疊之術，是指上肢手法一來一往的意思，是
對應的，有上即有下，有前即有後、有左即有右。如意
要向上即寓下意，意要向下即寓上意、前後左右皆是如
此，又如長山之蛇，擊其首則尾應，擊其尾則首應，擊
其當中則首尾俱應。這就是折疊之術。

所謂轉換之法，是指手與足不僅要上下配合虛實地
變化，而且在手足的進退必須要注意虛實的轉換的意思，

如拳譜中說：「意氣須換得靈，乃有圓活之趣，變換虛實須留意、虛實宜分清楚、一處自有一虛實、處處總此一虛實。」由此可知，太極拳的所有動作都必須分清虛實，動作能分清虛實的轉換，就可耐久不疲，這是一種最經濟的動力活動。

因此，練太極拳時雙手要有虛實，雙足也要有虛實，尤其重要的是左手和左足，右手和右足上下相隨地分清虛實，也就是說左手實則左足應虛，右手虛則右足應實。這是調節內勁使之保持中正的中心環節。

此外，形成落點的虛中要有實，實中要有虛。從而，處處總有此一虛一實，使內勁處處達到中正不偏，初學時可以大虛大實，然後再往小處練，直至練到裡邊的實虛變化，從外面不容易看出來，也就是不形於外的境界，這須要下相當功夫才能練得到的。

虛實變換的核心，在於意氣的轉換、但要換得靈敏。同時要在「中土不離位」即重心始終要保持平穩的情況下，才能使虛實轉換如意。所以最主要的是要做到「立身中正安舒，才能支撐八面，立如秤準，活似車輪，上下一條線全憑左右轉，尾閭中正神貫頂，精神能提得起，才能指揮進退，轉換自如。由此可見，太極拳的健身和技擊方面所有這些重大效應，主要是依「意、氣、神」的運用而取得的。

所謂轉換之法還有一種解釋，是指「身隨步走，步隨身換」，命意源頭在腰眼之間，向左轉換，左腰眼微向上抽，用右腰眼托起左腰眼；向右轉換，則相反。

四、太極拳的基礎八要

太極拳以練拳為體，推手為用。在初學盤架子時，基礎最關重要，其姿勢務求正確，而中正安舒。其動作必須緩和而輕靈、圓活。此是入門之徑，學者應循序漸進，由淺入深，不致枉費功夫，才是走捷徑之路。

第一、基礎入門八字要求

（一）**中字**：要求心氣中和，神清氣沉，其根在腳即是立點，重心繫於腰間，所謂命意源頭在腰隙，精神含斂於內，不表於外，這樣才能使身體一站即做到了中定沉靜的姿態。

（二）**正字**：要求姿勢端正。每一姿勢務宜端端正正、不可偏斜，儘管有很多姿勢各不相同，或仰或俯或伸或屈，也非要做到中正不倚不可。因為在推手發勁和盤架子的虛實變換等方面，都是要靠重心的中正平穩與否而作定局。由於重心為全身之樞紐，重心立則開合靈活自如，重心不立則開合失其主宰，如車軸為車輪之樞紐，若使車軸置於偏斜而不適於車身重心處則車輪動，其進退不靈便會失去效用，所以說對重心的掌握好與壞是最關鍵的問題。

（三）**安字**：安然之意，切忌牽強，由自然之中得其安適，這樣才能使氣不滯，而且暢通全身。所以在練拳時要求姿勢安穩，動作均勻，呼吸平和，神氣鎮靜，才能有此效果。

（四）**舒字**：舒展之意。這就是先求開展，後求緊湊。要求初學盤架子和推手時，在動作姿勢上必須認真

做到開展適度，即使全身關節，節節舒展開了，但不是有意識地用力伸張筋骨，而是自然地、徐徐地、慢慢地把骨節鬆開。長時間這樣練到有了功夫，再把姿勢動作往縮小裡練，使人們看到也覺得是自然、靈活、沉著、開展、大方的。舒展骨節，可以練出彈性力。

（五）輕字：輕虛之意。然忌漂浮，在盤架子和推手當中要求動作輕靈而和緩，往復乃能自如，這樣練久了自然會出來一種又鬆又活的勁，同時還有一種粘黏的勁。打太極拳也好，推手也好，一開始都要從輕字上著手，才是入門之途徑。

（六）靈字：靈敏的意思。由輕虛而鬆沉，由鬆沉而粘黏，能粘黏即能連隨，而連隨而後方能靈敏、則可悟及不丟不頂的道理，之後是愈練愈精了。

（七）圓字：圓滿之謂。每一姿勢每一動作，必須要求走圓而無缺陷，則能完整一氣，以免凹凸、斷續之病。推手運用各勁非圓不靈，能圓則活，處處能圓則無往不勝。

（八）活字：靈活的意思。是指練拳的本人原有的本力，力大也好，力小也好，要求把這樣本力練得靈活為主。所以說靈活，就是不要有笨重、遲滯的意思。

第二　太極拳之體用八要

意氣勁神之四要，亦稱體之四要；發拿化打為推手之四要，亦稱用之四要。如果在推手時「意氣勁神」有一方面為對方所拿到的話，那麼，可以肯定說，是必敗無疑的。所以說，我們對於這些方面，應該注意，須要多多實習，才能悟出其中之真理。

（一）**意專**：練拳、推手都要求心靜，因心不靜則意不專，一舉手前後左右全無定向，所以要心靜意專。起初舉動未能由己，要息心體認，隨人所動，隨曲就伸，不丟不頂，勿自伸縮。彼有力我亦有力，我力在先；彼無力我亦無力，我意仍在先。要刻刻留心，挨何處則心要用在何處，須向不丟不頂中討消息。此全是用意，不是用勁，久之則人為我制，我即不為人制了。

（二）**氣斂**：氣勢散漫便無含蓄，身亦散亂，務使氣斂入脊骨，呼吸通靈，周身罔間，吸為開為拿，呼為合為發。如果吸氣能夠很自然地提得起來、也能把人繫得起來的話，那麼，呼氣便會更自然地沉得下去，也可以把人放得出去了。這是以意運氣，而不是用笨拙的力氣拿起來、放出去的。

（三）**勁整**：一身之勁練成一家，分清虛實發勁要有根源，勁起腳跟，主於腰間，形於手指發於脊背，又要提起全付精神，於彼勁將出未出之際，我勁已接入彼勁，恰好不後不先，如皮燃火，如泉湧出。前進後退，無絲毫散亂；曲中求直，蓄而後發，方能隨手奏效。這就是所說的借力打人，四兩撥千斤的意思。

（四）**神聚**：神聚則一氣鼓鑄煉氣歸神，氣勢騰挪精神貫注，開合有致，虛實清楚，左虛右實，右虛左實，虛非全然無力，氣勢要騰挪；實非全然站煞，精神要貫注，緊要全在胸中腰間運化，不在外面，力從人借，氣由脊發，胡能氣由脊發？氣向下沉由兩肩收於脊骨注於腰間，此氣由上而下謂之合；由腰行於脊骨布於兩膊施於手指，此氣是由下而上謂之開，開便是吸，合即是放。

能懂得開合，便知陰陽，到此地位，功用一日，技精一日，漸至從心所欲，也就是說再沒有不如意的地方。

上述四點為「體」之四要。下面講用之四要，列之如下：

（五）發勁：所謂發勁，是太極推手中的術語，它是根據「粘連黏隨、不丟不頂、無過不及、隨曲就伸」的原則，運用掤攦擠按採挒肘靠八種方法和勁別的靈敏性，探知對方勁力的大小、剛柔、虛實、遲速和動向，選擇合乎槓杆原理的接觸點為支點，運用彈性和摩擦力（力點）的牽引作用，發揮「引進落空」、「乘勢借力」、「四兩撥千斤」的技巧，掌握「動急則急應，動緩則緩隨」彼不動，己不動、彼微動、己先動」的戰略戰術，牽動對方的重心，在時間和力點最為恰當的時機則又「以重擊輕、以實破虛」地將勁發出去；這種發勁要「沉著鬆靜，專主一方」，由弧形而筆直前去對準目標，又穩又準，猶如放箭時箭頭射入金錢眼內一樣，乘勢將對方乾脆地發出去。

主要在發勁之前須有「引勁和拿勁」，因為用引勁使對方先失去重心，之後還須用拿勁將對方拿住拿穩，這時再用發勁才能順手，才能隨心所欲。

欲要引進落空、四兩撥千斤，先要知己知彼；欲要知己知彼，先要捨己從人；欲要捨己從人，先要得機得勢；欲要得機得勢，先要周身一家，欲要周身一家，先要沒有缺陷；欲要沒有缺陷，先要神氣鼓蕩；欲要神氣鼓蕩，先要提起精神；欲要提起精神，先要神不外散；欲要神不外散，先要氣斂入骨。先有兩股前節有力，兩

肩鬆開，氣向下沉，勁起於腳跟，變換在腿，含蓄在胸，
動勁在兩肩，主宰在腰，上於兩膊相擊，下於兩腳相隨，
勁由內換，收便是開，放即是合；靜則俱靜，靜是合，
合中寓開；動則俱動，動是開，開中寓合，觸之則旋轉
自如無不得力，才能引進落空，四兩撥千斤。

（六）拿勁：太極拳在用法上原來有「截、拿、抓、
閉」四法，兼施並用，乘勢活變。此四法之運用，即截
其氣、拿其脈、抓其筋（分筋挫骨）、閉其血（穴道），
現已不輕於傳授和運用；在推手運用拿法時只是點到而
已。在發勁之前要有拿，在拿之前要有引，所以拿勁要
分時間和地位，即什麼時候才能拿，拿什麼地方合適或
什麼地方能拿與不能拿，這些都是有分寸的，拿早了不
成，晚了也不成，要在不早也不晚，恰到好處之時才能
拿，不拿則已、一拿便起，這才稱得起「用意不用力」
的巧拿之勁，究竟如何拿之才算巧呢？

上面已經說過，在拿之前須先用引勁、意思是說先
用引誘之法，使對方的重心出於體外，處於不穩狀態或
發呆滯之際，這時正好順其傾斜之趨勢施用拿。但拿的
位置須用「管」法，這就是說把對方的活關節管住，這
時要注意既管就要管死，管嚴拿之才省勁。

否則，對方會跑掉，再拿就費事了。如果拿的時機
和拿的位置都掌握好了，到管的時候沒管住還是不行，
必須使拿的時機、位置、管好這三方面配合協調一致，
拿時才能如願。

所謂拿即是管，管即拿，拿不起即管不住，管得住
即拿得起。意思是說在管拿之間的時候才是拿的最好良

機，機不可失、時不再來，對這一點應加注意。

「管」的實際做法是，比如我以右手黏住對方的左手腕部走螺旋勁鬆鬆地前進，與此同時，用意一想對方左肩頭，這時即將其管住了，意念不可移動管得才嚴，意念一動管不住了，如果想管對方的腰的話，那麼，你只要意念一想他的腰，其腰就被管住了，若想管肘就想肘，想管膝就想膝。對於「管住」或管不住所起的作用，主要在於掌握「接觸點和意念」要同時到達你所想的地點（即肩、肘、腰等處）上的準確性的程度如何了。

（七）化勁：運化首在腰腿，次在胸，又次在手。因此說：緊要全在胸中腰間運化」，「有不得機不得勢處，身便散亂，身必偏倚，其病必於腰腿求之」。手的主要作用是在黏著點不要離開支撐面上，而作軸心運動的旋轉，可以圓轉自如，從黏化中預知對方的虛實，而能與其虛實的變化相適應，即是「折疊之術、轉換之法、讓中不讓」的妙用，方能不失我的機勢。

化勁既要求做到不使對手接觸我身，而已能控制對方重心，又要求做到敢於使對手接近我身，都有辦法解脫。欲達此目的，首先要求本身具備好「手眼身法步」等條件的起碼要求和要領。譬如對整個手臂的要求：肩關節始終要鬆柔圓活而下沉，肘關節要用意貫注始終下垂，手動無定向，能慢能快，適合「動急則急應，動緩則緩隨」的要求。

須知「眼為心之苗」意在領先，目光亦隨之變換，身手步隨目光之動向而轉換，所以眼神在引、發勁之中占重要地位，如欲將人發遠，則眼遠視，發高則仰視，

發低則俯視，控制對方勁路以何手為主，則目光須視其處，目光決不可與動向有偏差。還有把人發出去之後，眼神仍須前注，此有「一克如始戰」,「勁斷意不斷」,「神氣不令割斷」,「放勁如入木三分」之作用。

另外「眼觀六路、耳聽八方」之說，指的是目光這視覺，對於上下、前後、左右幾方面都要照顧到，不可呆視。同時要與耳朵這個聽覺，再和人身上的神經末梢這個觸覺等方面有機地結合起來，用在推手中所起的作用會更大。

身法要求，必須「立身中正安舒，才能支撐八面，尾閭中正神貫頂、滿身輕利頂頭懸。」這意思是說從下到上或從上到下，（即指頭頂〔百會穴〕與襠內會陰穴始終保持垂直）連成一條線。

實際上是使脊柱要節節鬆沉而又虛虛對準，腰部要鬆沉直豎，要微微轉動，不可軟塌，不可搖擺；使身法在任何變換時保持中正，不偏不倚為要；脊柱骨節和胸背骨節鬆沉，而意往上翻（內勁由襠中上翻至背脊，謂之「氣貼背」、「力由脊發」、「主宰於腰」）。切忌前俯、後仰和左右歪斜；手腳前去時，腰部朝後微微一挺，同時要鬆胯提膝（這時只是用意一想）。

身法虛實的變換，關鍵在以腰脊命門穴為軸心的左右腰隙（兩腎）的抽換；腰隙向左抽則左實而右虛，腰隙向右抽則右實而左虛；這兩腎抽換變化虛實，是全身總虛實的所在，也是「源動腰脊」、「內動不令人知」的訣竅所在。

步法要求：動步要輕靈，兩腿要分虛實，關鍵在兩

胯關節的抽換，胯與腰隙的抽換相一致，也就是步法的變換要隨身法的變換而變換。將欲邁左步，腰隙向右抽落實，氣沉右腹側，右胯關節隨著內收而下沉，右足為實。右邊相反。步法又要手法相呼應，務使上下相隨和相吸相繫之意。手與足合，肘與膝合，肩與胯合的外三合必須注意，使上下完整不亂。動必進步，進必「套插」。套是前足管住對方前足外側，插是前足插於對方兩腿的中間。套封插逼，足進肩隨，大擺大靠（適用採挒肘靠四勁）之法，都包括在裡面了。

推手時的「意形要連不令斷」，將欲放勁，步須暗進，勝在進步，敗在退步；步法、手法和身法必須要配合協調一致。如進手不進身，身手進而不進步，不但黏封不成，發勁浮而不沉，不能連環發勁，同時也容易被對方牽動。所以當發勁時，身手步和眼神必須一齊俱到，並且要求鼻尖、膝尖、足尖、手尖和眼神必須對準同一方向，這樣力量集中才效率大。

上述這些手眼身步等的要求，也是化勁應具備的起碼的條件。其次在化勁當中還要掌握和運用的方式方法，如「粘連黏隨，不丟不頂，隨曲就伸，捨己從人」等，這些都是鍛鍊「懂勁」的方法，因為不懂得對方來的是什麼勁，自己也就不知用什麼方法去破他的勁，也就談不到「知己知彼，百戰百勝」了，所以用化勁還須要懂勁。推手時不僅僅雙手要粘連黏隨，身法、步法也要有粘連黏隨之意（即運用摺疊之術、轉換之法），不先不後，協同動作。

這是動作上做到上下相隨，周身一家的表現。形要

連，意要連，隨人之動而伸縮進退，真能做到用勁恰當不過這才算是「粘勁」而沒犯「頂病」；用勁正好，不多不少，這才是「黏勁」而沒犯「匾病」；如對方來手與我手相觸後立即折回，我應隨其返回之手相連不斷，這才是「連勁」而沒犯「丟病」；如對方直臂來擊，我就順著他的伸臂方向伸長，使其臂不能彎曲，這才是「隨勁」，而不犯「抗病」。只有這樣才叫做「懂勁」的功夫。

懂勁是由「捨己從人」而來的，處處能察覺和順應客觀的變化規律。能在虛實上做到上下相隨，則進攻退化就能捨己從人和圓轉自如；從人而仍然主宰於我，即他有千招變化，而我有一定之規，就是不失中正之理，就能制人而不受制於人。這是手法、身法和步法達到粘連黏隨的功用。

最後，化勁除根據上述各項原則進行運用外，還有一點值得注意，就是對方進到我的何處，何處動，動要活；主要是用意走勁，比如對方打到我肩，我意在肘，打到肘我意又回到肩，再打到肩時我轉到膝或腰或足都可以，這樣循環無端的變化著，即叫做「以意化勁」法。

（八）**打法**：太極打法，是練習在實用上的擲打發放的手法，也是根據「打手歌」中的口訣來進行鍛鍊的。如「掤攦擠按須認真，上下相隨人難進；任他巨力來打我，牽動四兩撥千斤」。又如「上打咽喉下打陰，中打兩肋與當心；還有兩臁和兩膝，腦後一掌索真魂」。

打法要訣中，有二十個字，要牢記心中。茲將二十字之意義，解之如下：

披字：——披即是分、開之意；由側方的分進就叫

做披。

閃字：──閃即側身避開，俗謂之閃，瞥然一見的意思；不頂而側讓，不丟而黏之為閃，不是完全離開出了很大空隙的樣子。

擔字：──擔即負起責任之意，任敵襲擊待其勁將著身時，負其攻勢下懸以化其勁叫做擔，並不是擔擋敵人之擊或擔出敵人之手足之意。

搓字：──搓即手相磨之意，我之手腕臂肘與對方手腕臂肘互相磨擦，試其勁之去向，敵進我隨之退，敵退我趁勢攻，在粘黏不脫之中要有圓滾之意。

歉字：──歉是不夠不足之意，試探敵勁要求「能仄不盈」，就是說出手不可太滿，總要留有相當的尺寸。否則一發無餘，這就不符合太極之理了。

黏字：──黏即粘、染、相著、膠附之意；纏續不脫，不即不離，人背我順隨機變化。

隨字：──隨即順從，跟隨之意。敵為主動我為被動，循其後而行，所謂亦步亦趨之意。

拘字：──拘即執、取之意，又是趁勢拘住敵人之手足腕臂發呆不動的樣子。

拏字：──拏即擒捕、牽引的意思，擒住敵人各部叫做拏；攫點敵人胝穴也叫拏，順勢攀引，也叫拏。

扳字：──扳即挽手援手牽制之意；以挽住敵手各部為扳，順勢牽引敵人各部也叫扳。

軟字：──軟即柔的意思，不許用拙力而聽其自然之粘黏勁，用以化敵之勁的意思。

掤摟字：──摟即拽、持之意，握持成拽抱敵人手

腕臂膀使其不能逃脫叫做摟。

摧字：——摧即挫折之意，能摧剛為柔，乘勢以挫敵鋒陷其中墜而折之也叫做摧。

掩字：——掩即遮蓋之意，遮避之而襲敵叫做掩，閉守敵攻覆攪以化其勁也叫做掩。

撮字：——撮即聚集，採取之意，以手指取敵各部或點其穴道皆叫做撮。

墜字：墜即落地、隕越之意。太極拳中處處要墜即為敵所牽挽，我沉肩墜肘如萬鈞重，再乘其隙以襲之無不應手奏效。

續字：——續即連、繼之意。能懂勁始可言續，粘黏不脫，式式貫串，其勁以斷而意仍不斷，則能續連的意思。

擠、攤字：——攤即展開之意，又如以手布置陳設的樣子，因而叫做攤。

太極有開合之勁。合而不開，其勁寬窄不當放手也嫩，所以一開無有不開，不僅吐放舒展且可堅實著力，骨節自對，開勁攀梢為陽，合披坑窯相照分陰陽之意，開合引進落空。分寬窄老嫩，入榫不入榫，有擎靈之意，骨節貫串，動作靈活，開勁宛如披挽梢節至於極點則為陽，合勁又似坑窯與陽相照是為陰，陰陽之意義就是這樣來分的。開合、牽引、進退、起落，使敵處處空虛，帷分尺寸暢仄，功夫久暫，至練神還虛。如果能夠式式完備，放手中的，這才叫做老手；用功雖久，動作滯澀或甚至出手無著，這樣的叫做嫩手，其弊則於得入訣竅或不得入訣竅來判斷的，不僅如此，還須有虛靈之意，

如斤對斤，兩對兩，不丟、不頂、五指緊聚，六節表正，七節要合，八節要扣，九節要長，十節要活，十一節要靜，十二節抓地。

敵發一斤，我用一斤力應之，敵發一兩力，我也一兩力隨之，力雖相等而非對抗，乃試其勁黏隨之意，即無雙重之弊，自然不丟不頂、虎口要圓，拇指分領四指彎曲如抓圓球，即緊聚也；中節梢節根節無不俱要安舒中正，尤須處處相合，肩扣胸扣，手足臂腕均要引長並非一發無餘之長，實際即是鬆肩沉肘、雖四肢百骸靈活，但仍須動中求靜，雖靜猶動，呼吸動作自無魯莽滅烈之弊，進前退後之步法皆極靈活輕妙並含有好似抓地之意。

三尖相照：上照鼻尖，中照手尖，下照足尖，能顧元氣，不跑不滯，妙令其熟，牢牢心記。演式時，三尖式式相照方能顧住元氣，氣不散無弛張疾走之害，也無滯澀停頓之虛，妙在功純切要牢記。

能以手當槍用，不動如山，動如雷霆，高打高顧，低打低應，進打進乘，退打退跟，緊緊相隨，升降未定，粘黏不脫、拳打立跟。能以手望槍並非以空手敵長槍、繫手可用，巍立不動穩如泰山，動則如迅雷不及掩耳閉目，如此練習數十年，遇敵交手，當者無不披靡。敵由上方襲我，我由下方以應之，敵進我乘、敵退我跟，上下相隨，前後緊迫一味綿綿不斷，立跟之意，是指手足必須要有操手和站樁之功夫，對敵應戰時，方能立奇功。

在太極打法要訣中最主要的幾點，列之如下：

「粘連黏隨，會神聚精，運我虛靈，彌加整重。太極無法，動靜方圓，細膩熨貼，中權後勁」。

「不即不離，不粘不脫，接骨斗榫，細心揣摩。」

「乾剛坤柔，陰陽並用；不偏不倚，無過不及。」

「不先不後，迎送相當，前後左右，上下四旁，轉接靈敏，緩急相將。」

「神以知來，智以藏往。」

「兩手轉來似螺紋，一上一下甚平均，全憑太極真消息，牽動四兩撥千斤。」

「中氣貫足，切忌先進，淺嘗帶引，靜以待動。」

「闔辟動靜，柔之與剛；曲伸往來，進退存亡，一開一合，有變有牽；虛實兼到，忽見忽藏。健順參半，引進精詳，或收或放，忽弛忽張。」

「我之交敵，純以團和氣引之使進。」

「不可使硬氣，亦不可太軟，折其中而已。」

「又半引半進、帶引帶進，即引即進，以引為進，陰陽一齊並用，此所謂，道並行而不悖，非陰陽合德不能心機一動手即到，快莫快於此。」「其半引半進之法，肘以上引之使進，手以下勁往前進，胳膊背面為陽，裡面為陰，則是陽引陰進之法，非互為其根不能。）

「手用引勁引開敵人之手，須用內外螺旋勁引之，令其立腳不穩。」

「伸中寓曲何人曉，曲中寓伸識者稀。」

「徐徐引進人莫曉，漸漸停留意自深，右實左虛藏戛擊，上提下打寓縱擒。」

「先引後進人誰識，太極循環一圈圓。」

「引進落空最為先。」

「敵以手來，我以手引，即引即打，非引之後而後

擊之，於此足證陰陽正為其根之實。」

「引進之勁說不完，一陰一陽手內看，欲抑先揚真實理，擊人不在著先鞭。」

「兩人交手，我守我疆，不卑不抗，九折羊腸，不可稍讓，如讓他人，人立我跌；急與爭鋒，能上莫下，多占一分，我居形勝。

「來宜聽真、去貴神速。」

「至疾至迅，纏繞回旋。」

「力貴迅發，機貴神速，一遲即失敗，一迅疾即得勢。」

「進如疾風吹人，電光猛閃，愈速愈好。」

「發手要快，不快則遲誤；打手要狠，不狠則不濟。」

「勢如手摧山岳，欲令傾倒，意要有如捕鼠之貓在戲鼠捉之放之之形，方能奏效。」

「人來感我，不肯輕放過我；我之感人，豈肯輕放過人？勢必至用全身力和欲推倒山岳之勢以推。」「此身有力須合併，更須留意脊背間。」

「然非以氣大為之，而實以中正元氣運轉摧迫，令其不得不倒退，且以引進擊搏之術，行於手足之中，又使不能前進我身。」

另外還有打法十八要訣分解如下：

1.殘：——毀也，發手致殘敵人之意用於十八字之首，開始之勢最重要，周身要軟活切不可全用實力，實力則難變換，所謂舉手一推盼彼心胸，腳宜不八不丁，手宜逢虛不發，眼須四面瞻顧，耳聽八方，此為殘字之定式變化之式。

訣曰：右手須從腿邊起，發來似箭引如弓，左手防身兼帶援，細心潑膽進推功。

2.推：──推之本意遠離，排去之意，是探偵，其餘字字分門獨賴推字為循環運用。此手出時疾速緊粘捧撤相連，施展得力全在小，掌肩要消、膝要緊步穩而不闊，闊則難變慎防跌失，來勢若虛，粘之則實。

訣曰：發手未粘切莫吐，若己一粘即用推，消肩直腕龍伸爪，進步探身勢展開。

3.援：──救也，拳法有進退之分也有攻防之別，進步防其內門披攔截砍，退步變吾邊門隨意發揮。然有時來勢猛勇迅雷急電，不及換勢即要援手以救之。若彼將右手托開，走邊門往後，則須隨風進步，左手再援近身發手隱緊擦掇疾推擊之。

訣曰：手抵其胸前，內來急變援，隨風跟進足，疾吐莫遲延。

4.奪：──奪者強也，此手與援手相似，倘遇外門披攔截砍，雙手擒拿即變此手以強取之。吾一轉勢，發手急去，隱急擦掇疾推擊之。

訣曰：奪字猛如風，迎門照架衝；回身勢莫奪，分推氣更雄。

5.牽：──挽也，引之使前之意，又順帶之意，順其來勢引之使前傾，或其勢勇猛，順帶用牽使其立止不定，總期以借彼勢力為吾伸縮之用，左右咸宜，但自樁必須立穩，腰帶吸字，隱緊擦掇疾推擊之。

訣曰：任君發手向前衝、順帶牽起還借勢、借勢其中還借力，即以其道制其身。

6.**捺**：——按意，此手須練熟一股沉重活動之力，至於堅緊穩墊跟對方沉按不離，雖是發手也不離其身，彼左亦左、彼右亦右，就能動虛之際進前一步，隱撒推出應神速。

訣曰：披攔按托意沉然，未粘粘處分虛實，個裡玄機在兩肩。

7.**逼**：——迫近其強逼其勢使其變實為虛，吾一舉手彼手已被我威逼而為我逞勢之用。如此不迫彼如亂拳紛來吾徒勞而無功，彼更足跳手揮反為彼所迫，況身強力大者不迫而得勢，則對敵之時，難以取勝，僅可躲閃，這樣僥幸取躲閃雖勝亦不足為法，逼者逼其進退之地點要占彼半步，使彼不能前進，而吾乃得一推而擊。

訣曰：逼字迎門把手揚，任他豪傑也慌忙，聽憑熟練手形勢，下手宜先吾占強。

8.**吸**：——縮也，是引氣入內收回之意，逼吸相反卻又相連，運用在心，伸縮於外。倘吾手發出之時有迫不及待之勢，使運用之時，例如我手為人所逼，有取我胸膈為吾下部之意，毫髮之間我手不能出勢，形勢危機，用此法救之。吾氣一入其身自縮，此只是一個例子而已。

訣曰：吸逼雖然判避迫，同為一氣應分明，千鈞一髮毫釐際，只在微藝方寸情。

9.**貼**：——近的意思，此手之用法重在掌根。不近不貼，一近即貼，一貼即吐，周身俱要軟活，隨其姿勢，貼近其身，吾手自可隨意而發。曲動直取，練成迅急之功，使彼莫測，乘其虛攻其空，皆貼之妙用。

訣曰：貼字緊隨身，窺虛便入門，周身都是膽，妙

手自回春。

10.**攛**：——掇的意思，此手的變化，彼如上部猛勇，原手難取即變此手，攛住他處，在彼手不能全發，急欲隨吾手擲向之處以救護之。彼如用左手一挑右手想取吾心胸或取我下部，妙不與斗即變攛字剋之。貴乎神速，不可俟他轉身，轉左跟左、轉右跟右，總以使彼左右顧忌，畏首畏尾，我得攛掇進門而去擊之。

訣曰：避其鋒銳氣，不計更神奇，攛入空門裡，來援亦忌遲。

11.**圈**：——此手謂圓手，即舉手划一圓圈之意，有半圓整圓之分，雙圈單圈之別。練時如此，用時則不然。以手變化，倘遇逼人之時，上虛下實，隨意圈轉。若是用牽之時，彼如跟進一步，強打入門牽手不能再發，即用此手，以救助之，或挑或隔（格）全在順手一轉之功。乘其虛而覓其勢。

訣曰：圈手圓圓划一圈，橫披斜砍劈連肩，若教練就銅筋臂，任走江湖仍占先。

12.**插**：——刺的意思，堅而入之，倘彼外來披攔截砍，雙蓋手肩峰坐肘等手來勢凶勇，本手不能進取其中，取要取彼兩邊，即變此手插字克之，全在一股堅勁之功。手落時肩貼他肩，右手幫助同去，亦有三分借彼勢力乘其虛一撇即插。倘彼內來披攔截砍，即變左手以插取之。

訣曰：還手無須再轉身，順其來勢擊其人，要知一披隨時插，莫待稍停彼已伸。

13.**拋**：——丟的意思，此手變法，吾手一出，彼用披攔截砍手入門，攻進吾身想砍下吾手，最要者務於相

貼之時，借其來力，吾變出一種浮力兜住彼手，內轉半手顧、收左封住彼身勢，暗用擦撒堅推無有不去者。

訣曰：兜時心，拋時慌，浮力其中難審詳，術至通靈神化境，脫離瀟灑怎提防？

14.**托**：——舉起之意，此手法有幫助諸字之功，如吾手一出，彼用雙蓋手發來欲取我上部我即變用此手，最要者須於變時勿使彼手蓋下我即將主手插進用一般救勁，兜住左手，封閉逼迫的勢使彼難變，用撒擦之法，以推擊之，無有不勝，亦借勢乘虛之理。

訣曰：托來宜快不宜遲，插勁還須趁勁推，毫忽微藝分勝負，得來秘訣擅英奇。

15.**擦**：——摩擦之意，此手用法，我手發出須用斂步躲閃之勢，我自當手貼不離，腳隨彼轉，滯在何處即存在何處，用擦法以擦之或用外擒手托住當先分他虎口，身緊一步，肘上帶按隱，緊逼撒疾推，帶擦相連相用，待彼慌張，為我凶勇用打之地，或用雙分手，將我手托在頭頂，意想取我胸膈與我下部，我當進一步，右手經過時即在彼面上，隱緊逼撒疾推擊之。倘遇用左右相換陰陽手者，我用牽字帶下，宜細心悟之。

訣曰：擦字飄來急似風，輕描淡寫轉飛蓬，莫云著處難傷骨，泥雪斑斑印爪鴻。

16.**撒**：——發放之意。此手與推字似是實非，大有放膽發展瀟灑脫離之概，彼如前進，我也前進，發手似擋之，勿怯勿離，若彼力猛，即用此法，彼左則右出，彼右則左出，隨內進步，撒手拋拳。

訣曰：撒手從來萬事休，匹夫亦可傲五侯，得來一

字傳千古，博得英名孰與儔。

17.**吞**：——咽意，非吸字之運氣。咽為形沒為主與吐字相反。防內外上中下五門，披攔截砍雙分手雙蓋手來勢勇猛，即變此手法。一吞一吐使彼莫測。退步在吞，進步在吐，然必須有吞而後有吐字訣在此。

訣曰：丈夫能屈自能伸，進退全憑巧技能，側步輕移藏變化，竅道之至入於神。

18.**吐**：——伸意，舒伸吞吐相連相用，出沒無常，令其莫測方為得策，所謂其中吞吐變化多端，熟練還須細琢磨。蓋遇機則吐，一吐復吞，似吞似吐，亦吞亦吐始入至神。

訣曰：吞吐明知兩字連，其中變化幾人全，任他學有超人技，不及千金一訣傳。

總之，學拳千招一速為先，所謂拳打不知謂迅雷不及掩耳。不招不架只是一下，犯了招架就是十下。換言之，即是不容還手疊連就是十下，打拳不要怕，怕拳不要打；打拳打的膽潑氣壯，手捷眼快，人不得窺其方我獨能運其技，故練打之時，愈熟愈佳，愈快愈妙，出入爽快，吞吐連綿、虛虛實實，實實虛虛，用虛若實、用實若虛，如得出神入化，其中機巧變換，聲東擊西，指南打北，誘之使來，推之使去，奪之使懼，逼之使退，我能如臂使指，從容應付有心手相應之妙，彼則畏首畏尾直有無所措手足之方，打法至此則勝券可操矣。

打拳須要架子打，照勢子進，一步緊一步，一拳緊一拳，進則生退則死，遇架倒架，照勢解勢，皆內家之秘訣。故打拳者必先具有膽量，無膽量即無效果之心，

恐怖於內。畏縮於外，敵乘其虛以攻其隙，甚至失敗於技之不如之者，比比皆是。

　　所謂乘勁是什麼意思？勁者氣之苗，氣者勁之根。所謂蓄勁即提勁之動作。如欲以拳擊人於發拳之先必須吸氣提力，吐氣發勁。否則其勁不蓄則拳不堅，是其心中首先未有蓄勁之準備，等於普通人之拳擊而已。拳術家之拳擊則不然，因為一拳之擊，先須經過卷、緊、勁、擊四字程序。所謂卷緊勁擊：

　　①握拳時併四指，曲上兩節緊貼於第三節之下，此時手背成平凹式，骨節內陷，形如虎爪。②再將第三節緊屈，大拇指曲則壓於二、三指之中節則已捲緊。③吸氣提力，力發於心，提於臂、臂注於掌指則自覺得勁。④如欲擊人，使勁一吐，其發如電，始成為擊。所以說拳不卷不緊、不緊不勁，不勁雖發亦不成為擊。

　　所謂捲緊勁擊是打法之初階，也是蓄勁之基礎。蓄勁之拳較平常拳擊得勁，但不如乘勁之巧妙。所謂乘勁是乘人發勁之時，或推或挽或托，均以乘其來勢使之前傾，或借其來勁使之旁跌，以我微力，傾彼強壯之軀，以我巧妙之方，擊其傾斜之處，皆乘勁之作用。

　　所謂等打趕打是什麼意思？臨場之際，心平氣和，以逸待勞，可占優勝，不先發手擊人，待人發手之際，我則乘機以挫其鋒，是等打之功用，較趕打為優。然即打之後，或手足瞬息萬變優劣則頃刻即分，故不加猶豫，握有奪之使來，逼之使退，推之使顛，吐之使蹶，似不用等打而專用趕打，尤未盡善，完全之技擊，必合蓄勁、乘勁、等打，趕打各手法步法而成。

打法最忌犯拳之八反：

①**懶散遲緩**：——打拳宜手捷眼快，緊逼先施，敵不動，我不動，敵欲動、我先動。以我之動逼之使其不能動，則得秘訣。故懶散遲緩為八反之一。

②**歪斜寒肩**：——拳術一道，總以不失重心為主。

③**老步腆胸**：——打拳步法宜龍行虎奔，吸腹收腰挺膊舒筋發揚蹈歷若規行短步，曲背勾頭大犯忌。

④**直立軟腿**：——血氣上浮，頭重腳輕，練氣下行根基穩固，無站樁之功，難換虛浮之力。

⑤**脫肘截拳**：——吐吞能發能收主相連，未粘勿貼自無脫落不中之慮，滿力衝拳定有截留難收之弊：用肘用拳尤重彈勁。

⑥**扭臀曲腰**：——束帶緊腰，沉其體力；八步丁形，堅其下部；靈活肩軀，敏捷手足，方克與人交手以免犯有身歪步斜之弊。

⑦**開門提影**：——打拳不怕、怕拳不打。拳來閃避，拳去追蹤，攻外無方，守內無法，不明露空之處，不知虛實之著，犯大忌。

⑧**雙手齊出**：——左手攻敵、右手防身，右手攻入、左手顧己，一攻一守，有防有攻，此為定理。反之，雙手齊出，能攻不能守，一經落空，無法挽救。

綜上所述，太極功在技擊中是有很嚴密的鍛鍊和規矩所循的，除此，從現代科學的角度來看，按功夫的深淺，又可分為三種力學現象：

㈠、**太極推手中的靜力學現象**

初學者在練習太極推手時，其過程中的力學現象，

我認為基本上都可歸述到靜力學範疇之中，也就是說，初級水平搭手瞬間之受力情況，都可以用平面剛體力學的分合力公理去描述，根據力學原理，任何力都是某物體對於另一物體的作用，即有一作用力必有一反作用力。另外還知道，一個剛體保持穩定的必要條件是在平面共點力系中，應該是諸力之和等於零，如不為零，物體必定按照合力作用線方向產生運動。

根據以上靜力學之基本觀點，我們就可解釋太極拳推手中的一些力學現象。如果把甲乙推手者雙方看成兩個物體在相互作用，則有以下的力學過程：

甲方直力推乙，乙方並不按甲方作用線方向直頂，而是根據太極拳原則橫走之，並以意達於甲方發力點或身體某一部位。這一瞬間，實際上就是力三角形的具體應用。

其中甲乙方向之力，為甲方推乙方之反作用力，乙丁方向之力即為乙方橫走之力，此時乙方意念所達之丙點，即為乙丙方向合力之通過點。由圖不難看出，乙方橫走之乙丁方向力，遠比甲方直推之力小，而達於甲方之合力，乙丙則比甲方直推之力乙甲大得多。（根據作與反作用相等原則，乙方之反作用力，實際上就是甲方直推之力）。此外，乙方所走之橫力，如大小或方向改變，都直接影響合力之大小和方向，這其中有一個最佳受力姿勢，需要經長時間實踐才能逐漸掌握。

以上是太極推手初學者在演練時的力學分析，分析中許多觀點都是從剛體靜力學這角度來考慮的。實際上，把練習者看成是剛體，與實際情況有出入，但是常見的

太極拳推手練習者其動作姿態並沒有與太極拳練習原則完全相符，所以上述分析還是可以說明一定的問題。

㈡、太極推手或技擊中的彈性力學分析

太極拳訓練有素者，身體能夠做到既堅硬又柔軟。如果根據彈性物體的受力分析來描述推手或技擊中的瞬間受力過程，很能說明中乘功夫的推手原理。

太極拳講究粘連黏隨，根據彈性體的虎克定律——應與引起應變的應力成比例，這一原則來描述太極拳的粘連黏隨是很恰當的，即外力增加，受力彈性體應力和應變都相應按比例增加。外力減之，它亦減之。彈性體一旦與外力接觸，它就始終不丟不頂不棄離。彈性體的受力分析是一個非常複雜的問題，與剛體的受力不一樣，彈性體受力後要涉及到應力，應變位移以及應力與應變之間關係，也就是說彈性體受力後會在力學、幾何、物理三方面發生變化。在太極推手中僵硬與鬆靜所產生之受力狀況是完全不同的。因為僵硬者可看成剛體，剛體受力過程可用分合力來描述，而鬆靜者則近似於彈性體，因而可用彈性力學來作分析。

而彈性體受力後則不然，由於它要按虎克定律來應付外力，所以彈性體受力後，它能始終粘住外力，亦緩亦進。況且彈性體受力後要產生位移，受力情況隨時間不斷變化。故而彈性體能夠緩化外力，不受外力所制，這實際上就是太極拳變化之過程。

至於發力瞬間仍可以分合力來解釋。但是因為是彈性體受力，在受力接觸面，比之剛體接觸點受力狀況，就有法向和切向力的作用產生，這樣作用到物體，所產

生之效果顯然又不一樣。（見圖）

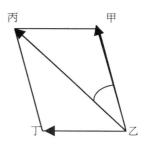

　　由圖可知彈性體受力接觸點要產生法向力和切向力。法向力就是反抗外力之反作用力，而切向力又可使外力者產生一旋轉運動。不難看出，上述過程顯然與剛體受力狀況不一樣。

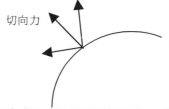

　　在推手中，有時還要出現一種雙方未接觸，結果已見分曉的奇怪現象，這種現象很像電場擊人，受擊者如遭場力所擊，未觸即跌出數丈以外，這種現象雖很少見，但據文字記載，前輩口授確實有例。這種技擊現象，顯然是上述力學分析解釋所不能說明的。下面就此問題作一探討性的解釋，供讀者參考。

㈢、太極拳推手或技擊中的場力學現象

　　我們知道，練習太極拳有素者在操練時有一股暖流或類似水銀注流動的感覺，這種流動物質，根據得道者體會或古傳論述，有坎離移位現象。如用現代科學觀點解釋，有如磁場之南北極顛倒現象，這種說法恰恰是物理學中場效應現象。如果根據場效應來解釋我們最後所提出的神奇技擊現象，似乎就不難理解，人為什麼並未接觸擊發者，就能被擊倒。

在推手中，對方有犯吾之意，雖未接觸，而我方往往已有一股無形的儡力作用其身。我想除了精神因素外似乎確實存在一種看不見的場力在起作用。至於場力大小，這就當然與場力源有直接關係。

彈性力和場力雖說撰述方法不一樣，但是它們都與剛體外力有本質不同，這一點是共同的。只不過場力比之彈性力，前者應屬於上乘功夫，可是不管剛體外力、彈性體或是場力，單純就力的作用來說，都是力起作用，只是效果有所區別，或認為這就是太極拳中所強調的「內勁」與「力」的區別及內在聯繫。至於撰述場力的理論方法也很複雜，恕不贅述。

另外，大家都很熟悉，在力學中有力的三要素，就是大小、方向、著力點。如果兩力平衡，這兩個力必須大小相等，方向相反，作用點不同，則產生力矩，使物體發生旋轉。此外，用力推動放在地面物體，倘若力的作用線通過物體的重心，那麼這個物體就能被我們推動，倘若力的作用線不通過重心，就會發生轉動，而推不動這個物體。因為太極推手雖然不和對方硬碰硬撞，然而，也不是一味示弱，而是在其中有一種粘黏勁，正好像在水中按皮球的情形一樣。

在水面上按皮球的時候，如果沒有找好著力點，則皮球翻滾而不能入水。如果按的時候找好著力點，那麼皮球就可以被按入水中。然而，此時皮球對手有一種反抗的力量，這種反抗的力量就好像是一種掤勁。在太極拳中經常用著力點不同而發生轉動的原理來化對方的力，如果把自己比成是一個大球，只要使對方來力之方

向不通過球心，對方就推我不動。上述道理如下圖所示。

1. 皮球浮於水面，未受外力，處於平衡狀態。

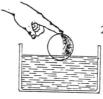
2. 手按皮球，球受到外力作用，破壞了原來的平衡。

3. 手指按空，外力方向未通過球心，球不入水，發生轉動。
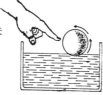

4. 外力方向通過球心，球被按入水中。

五、對於「用意不用力」的分析

太極拳是內功拳的一種，又是意拳，拳之諺語：「內功拳首在練意」，隨著練拳時間的延長和技術水平的提高，有人便會提出什麼是太極拳的意識？怎樣加強意識練習、怎樣才能用意等等一些有關太極拳的意識問題。這是值得我們研究和探討的。「什麼叫用意不用力」？

的確，意識問題是太極拳的首要問題，《拳法剛柔篇》說：「剛柔轉換，全在用意」，所有太極拳理論無不強調以意領先，以及意識的存在重要性。故此，我們必須加強意識的練習，使太極拳的技術水平向更高的水平發展。

第一、什麼是太極拳的意識？

意識就是人的頭腦對於客觀物質世界的反映，是感覺、思維等各種心理過程的總和，這是用文字對意識指揮行動的抽象概括。那麼，什麼是太極拳中的意識呢？

顧名思義就是在練拳時頭腦中沒有任何思想的雜念，即在練拳未動之前，用感覺思維的心理過程，想動作的要領、方法及動作運行的軌跡，前一動作開始後隨著運動而思慮下一動作的開始、發展和結束，這樣周期性的進行下去，直至練拳停止，這就是《十三勢行功心解》中說的「先在心，後在身」。

太極拳要求用意不用力，就是用意識蓄養精神來引導動作，但切忌把意識貫注於呼吸或勁力上，如果把意識作為呼吸的途徑，想呼就呼，想吸就吸，這樣會出現動作凝滯。從而，不能獲得吸則拿得人起，呼則自然沉得下也放得人出的較高技擊效果，如果把意識放在勁力上，有意識地去用力，就會造成動作僵硬。

從中醫角度來說，就是周身氣阻不通，就會出現病變，所以說「切記不可用力，不可尚氣，以致有氣者無力，無氣無力者純剛」。故此，太極拳的意識就是把動作的方法要領，潛藏在腦子裡，然後通過大腦的感覺思維恰如其分的反映到肢體上。正是「以意領先，先在心後在身」，古今的太極拳的理論都非常重視和強調意識問題，它就像我們在做任何事之前，要有一個指導思想，作為行動的指南。

在太極拳中一切要求以意領先，所以我們必須加強意識的培養，使太極拳的技術得到進一步的提高。

第二、意識的作用

談到意識的作用可以從兩方面來談，用意識引導動作，無論是從技擊的意義上或是從健身的角度來談都有很大的實際效果。首先，就健身的角度來談談，意識的

作用，用太極拳治療疾病的效果很大，這已是實踐證明了的，這裡不一一贅述。

在太極拳運動中因為大腦神經都集中在動作中（意識引導動作），運動神經的興奮性高並且壓倒疾病的神經興奮性。故此，久而久之的練習，機體內病神經的興奮性被驅逐、被抑制，所以疾病的活動範圍逐漸縮小，太極拳運動除肢體活動外，最重要的是使神經系統得到鍛鍊，然而，神經系統除了有運動感覺，機能外還有所謂營養機能(營養神經)，影響的機能內的新陳代謝調節各個組織和器官的營養，這對於機體的活動能力具有重大的意義。神經系統這一機能在運動中具有特殊意義，因為在運動時身體的機能旺盛，這就更需要加強所有的器官和系統的營養，使組織以及周圍環境間化學變化和新陳代謝得到增強。

太極拳治病和健身之所以有顯著作用，就是意識與動作相結合的練法是密切聯繫在一起的，可見中樞神經系統功能性刺激和積極的訓練，有助於使被疾病興奮所抑制，或衰退的功能重新得到興奮，從而調節各個系統的功能達到治病、健身的目的。

從技擊意義來說，意識的存在與否關係到雙方勝敗的生死問題，譬如在練拳時要有意識地假設與對方隨時準備交手先至對方，每每在盤架後，全身血液循環加強，時常的局部皮膚似有小蟲緩緩爬行之感，手指肚有細汗微微滲出，這些現象，就是「以意領先，以意運臂，以氣貫指。」以意領先的主要作用是使競技中肢體（接觸點）感覺更加靈敏。從而，使「後人發，先人至」獲得

成功。另外，在推手中如果準備發放者的意識深而遠，準而狠欲將對方發放出丈外，就能獲得成功（具備一定的身體素質和基本技能）。然而，如果具備了一定的身體條件而沒有進攻將對方打敗的意識，那也是無濟於事的，所以太極拳中的意識所在，無可非議是很重要的。

第三、如何用意識指導實踐？

在初練太極拳時什麼是意識，究竟怎樣用意識指導實踐、怎樣才叫用意等，許多問題都會接踵而來，前邊已經講過什麼是意識，那麼，如何用意識指導實踐呢？先不妨從外因到內因、由表及裡的來建立所意識部位的意識感覺，做一些進行放鬆的意識練習。

例如：甲方對乙方進行語言刺激的意識練習，乙方隨意站立聽到甲方的語言，進行自我暗示，甲方用誘導性語言刺激是：兩腳開立→兩目微閉→兩肩放鬆→兩肘放鬆→手腕五指自然放鬆→涵胸收腹→臀部內斂→腰胯放鬆→兩膝自然伸直。這樣往返 1～2 次，使乙方進入安靜狀態，並使其有前後搖晃之感，這就達到了周身放鬆，不偏不倚的目的，在誘導性語言刺激中聲音要柔緩，速度要稍慢一些，這樣通過外界誘導性語言刺激訓練，對自己內意識形成的一個過程還必須在練拳中逐漸強化，使其形成「自動化」，在懂得了太極拳基本理論的基礎上，用意識引導動作。

譬如：太極拳預備式是兩腳開立與肩同寬，兩臂自然垂於體側，頭正、眼平視，這僅僅是外形的要求，而意識的要求則是從上到下用意識來蓄養精神，下額微收，虛領頂勁，沉肩墜肘，指鬆如戳地，兩臂微微內合，胸

肌鬆弛，不要挺胸弩氣，能涵胸自能拔背；做到脊背舒展自然腰胯放鬆，裹襠溜臀，尾閭中正兩膝自然伸直，通過這樣的自上而下的意識引導使其周身放鬆，輕靈、敏感能力增強，在盤架子過程中時時處處也能用意識來暗示自己，從身體內來講，全身放鬆，氣沉丹田，時刻都能在蓄勁，含有技擊的意念；從外形來看動作輕鬆，變化圓轉自如，精神內斂，穩如泰山，盤架子中努力做到有人若無人，無人人打影。

　　相反，如果沒有意識的引導，盤架子中就會出現盲目的練，失掉了拳架中一招一式真正的技擊意義，精神萎泥，似如木雞，動作形式化或動作與意識無關，出現輕飄浮散或是動作僵硬，若牽一髮而全身皆動的現象。故此，太極拳要求用意不用力。全身鬆開，以意運臂、以氣貫指，這樣久煉之才能達到「意之所至，氣即至焉」，也正像拳諺所說：「意到則氣到，氣到勁自到」。因而，練習太極拳從始至終必須思想集中，用意達身不滯心以心至身，這樣不斷地強化自己內意識的鞏固與提高，久而久之，練習自如，意到身到勁自到，粘之則發。

第四、怎樣進行意識練習？

　　太極拳的動作在意識引導下進行，也就是在大腦的支配下活動，但是怎樣才能進一步的加強意識使其真正符合「意動身隨，勢勢存心揆用意」的練拳原則，我們不妨從動靜的兩方面來練習：

　　㈠**樁功**——站樁：站樁就是沒有一招一式的活動形式，是一套固定不動的拳架子，練習時就是從拳路中隨意拿出一個動作，擺好姿勢，固定不動，用意念指導動

作，如左（右）「抱七星」，左（右）臂前伸，右（左）
臂輕輕扶按在左（右）臂上豎頂，胸涵而不縮，擴大胸
圍，兩肩微向內扣呈圓背，溜裏臀部使力量全部下達到
支撐腿上（右），這時試想是否做到上肢鬆勁，上體涵胸
拔背上下貫串一氣，尾閭中正神貫頂，此時應把意識集
中到左臂上，胸中感到豁然寬廣，視野擴大，好像胸有
成竹，隨時都有不粘則罷，一粘即發的思想意識。

　　這樣的練習一則提高意識的能力，二則增強了下肢
力量，使其在盤架子中周身鬆沉。

　　㈡專門性練習：──太極拳的每個動作都有它的技
擊意義，在推手或盤架子中，如果用意淺或丟掉深而遠
的意識指導，就會出現欲發（放）而發（放）不成，或
者只是膚皮蹭癢，打不中敵方，所以要用意養蓄精神意
識來引導動作。在初學太極拳時因為不懂技擊的意義和
方法，故此，要結合套路中的動作培養自己的意識，也
就是未動之前先想動作，隨之，運動之後邊做邊想下一
個動作。譬如：做倒攆猴時，在未推掌之前，先想推掌
動作，隨之再做推掌動作，又在推掌開始時想下一個倒
攆猴的動作，由虛到實，由左到右，這樣連綿不斷地想
與做相結合，也就是把意識與動作結合起來，使意氣勁
三者合而為一。

　　隨著動作的熟練，用意也就能逐漸細緻起來，隨著
動作的變化而不斷使意識深刻化，用意識指導手臂和各
個部位的著力點（接觸部位），逐步做到以意運臂，在這
個基礎上練拳時要結合技擊方法用意，要像拳諺所說：「有
人若無人，無人似有人」，這樣進行假設性而含有技擊意

義的練習，根據技擊技術的原理用意識引導手臂的各個著力點的轉換，全神貫注，以意領先，這在太極推手中是十分重要的。

太極拳經說：「在意不在氣，在氣則滯」。這就是說，氣的隨性未免還是大，不如意的靈活，意的靈活性究竟有多高呢？可以說幾乎可能無窮之大，因為它的隨性幾乎可能等於零。所以說太極拳最著重的就是虛實的變化，每一動的地方都要有虛實，一處有一處的虛實，處處總有一虛實，這虛實的變化都是通過意識的轉換，即有意所注者為實，否則為虛，此時之虛並非無氣，只是無意而已。

第五、意是怎樣運行的？

太極拳中所用的意，它的運行立體路線，亦是走的太極圖（如圖 1 所示），很像一個網球或棒球上的接合縫。同時，太極拳的一動就有一個圓圈。在這個圓圈當中又要分清虛實，所以「意」一動也就要成一圓圈，而這圈是根據王宗岳說：「往復須有摺疊，進退須有轉換」的這句話，通過實踐則形成了太極拳所獨有的特點。現以俯視圖說明如下：

圓中 S 形掉頭，即所謂摺疊處，圓周上小圈即轉換處。實際上轉換小圈的數目並不一定。（圖 2 所示）

所謂意的路線就是波頭的路線，由圖 2 所見，在每一瞬間，波頭對上或下，左或右，前或後的三個方面，都有不同程度的推動力，這種推動力，接著便傳遞到相應的氣脈中去，從而，使這個氣脈也反映了和這種路線相依的虛實變化，這些虛實變化，又通過無數脈絡，最後

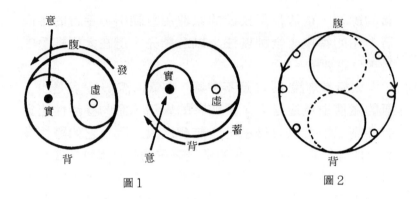

圖1　　　　　　　　　　圖2

，在骨肉上反映出來，由於意的靈活，具有無窮的可能性，而且再也沒有任何東西可以比得過，所以實際上已不需要，你也不能再在虛實變化的策動力方向，加以任何改進了。不過接下去若是再提高一步的話，那就是乾脆連意的策動也一併取消。這又是怎麼說呢？老子說：「復歸於自然」便是這個境界。

　　歸納起來說，關於虛實的初步練習，實際上完全是重心轉移的問題。中極階段的虛實開始和氣結合起來了，也就是變成了中氣轉移的問題；到高級階段，在重心和氣方面，幾乎都可以保持平衡了。只是在心意和勁頭方面來分虛實；最後，不分虛實而自有虛實，方為最高。至於人的心意比電磁反應當然還可能靈活到無數倍，實際上也沒有任何人工的調整裝置能夠趕得上。問題只是在於如何把被調整的氣和骨肉，逐步跟上去。

第六、左起右落的蹻維變化

　　一個螺絲釘朝右轉便降下去，朝左轉便升起來，這就是左起右落。螺絲釘為什麼要做成這個樣子呢？因為

一般人做事都用右手，而右手這樣轉時，便覺順遂得力，這又是什麼道理呢？很多人會以為這不過是習慣，假如從小把左手用慣了，還不是一樣嗎？

實際上，也確有少數人從小就用左手拿筷子的，甚至還有用左腳踢球的呢！其實這不完全是屬於習慣，這主要是人身內的中氣向左或向右旋轉時，有著不同的效果所致。男的右轉時為開為蓄、左轉時為合為發，女人則反之。使用左手左腳到底還是少數。

這種規律，每個人都可簡單地試驗來證明，除了轉螺絲之外，也可以用左手或右手，反覆地抽回來打出去，就可以明白那隻手比較得勁了。這就是中氣轉動方向，對於用勁的性質有著絕對的決定作用，也就是左右對起落有個絕對的關係，而不是相對關係。但是一般人也許還感覺不到中氣的活動，也就一時難以理解。那麼，還可以參考下面的一個旁證：

1957 年，李政道和楊振寧從原子物理的試驗中，發現了某種粒子的活動，對於左右有著絕對的規律，從而，推翻了號稱的「守恆定律」，其實這個發現的性質，與上述人身中氣活動規律的性質正是一樣的。

所以這個發現，在現代科學中，雖然要算是破天荒第一次，但從中國人研究自己身體的學問中看起來，這不過是一個早就發現的規律的一個旁證而已。當然，也可以算是一個有力的旁證。從中國古代有關醫療或練氣功的書籍中，便可見到「男左女右」、「男則左轉、女則右旋」等等的說法。這個規律雖然早被發現，且又記載得如此明確，但由於只有極少數人留意到它，而且，也

只有更少數的人能夠從自己的身上求得證實，所以它幾乎一直是默默無聞的。

有些人偶然在書上瀏覽過一眼，也不過是把它當作好玄之士的附會之談而已。不過，如要教人承認這個規律，最好請他自己練功夫，練到某個程度，自然就心領神會，而不需任何解釋了。正因為一般人都易於把左右的活動看成是完全相對的，所以這個規律在練功夫方面就顯得特別重要，必須把其搞清楚。

中氣在丹田內作向左或向右的旋轉時，它為什麼會表現出不同的效果來呢？這就是由於主宰一身左右之陰陽蹻脈的作用。蹻脈之所以稱為蹻脈，因為它有個與眾不同的特點。例如中氣向前轉，會對前面的任脈起推動作用；中氣向後轉對後面的督脈起作用。但對蹻脈來說，情況就不同了。

對男人來說，中氣向右轉時並不是對右邊的陰陽蹻脈都有推動力，而是根據中氣本身左起右落的自然規律，以及蹻脈陰升陽降的特點，只對其中的陽蹻有所推動；而且還不是只對右邊的陽蹻有推動力，對左邊的陽蹻也有推動力。同樣的中氣向左轉時，不僅對左邊陰蹻有所推動，同時對右邊的陰蹻也有推動力。（以上情況只在練拳到高級階段時才能自覺地完全如此；在初步時，中氣在丹田內還不能有意識地進行轉動，既使有點作用，也只和一般人一樣是屬於自發性的；在中層開始時，中氣只是晃動，一邊實，一邊空虛，既有一邊空虛，也就談不到任何作用了）。

對陽蹻的推動效果，就使得手足陽脈變實，陰脈變

虛，而成為開或蓄的過程；對陰脈的推動就使得陰脈變實，陽脈變虛，而成為合或發的過程。練拳的同時，當然還有任督二脈開合的作用，前面都已說過了。

至於和蹻脈近於並行的維脈的作用，在此可以稍微說明一下。維者，維持調和之意，例如練螺旋勁的鬆緊，在一個開或合的過程中，往往有兩三個轉換或波動。由於維脈天生有一種「阻尼」作用，在「氣壓」激增時，起一種節制作用，而在其衰退時，則起一種遲滯作用，這就使它可以拉平波動，而使用勁平衡起來，很像電氣回路中濾波器電容的作用。中氣雖然對維脈也有直接聯繫，但是維脈還是作為蹻脈的助手而進行工作的。

氣的開合很像一個氣球，開時「支撐八面」如球的鼓起，對外有吸收的作用；合時「專主一方」如氣球之放氣，對外有衝擊的作用，這便是武術上「引進落空合即出」的原理。

在練拳中應如何逐步配合利用這種「左起右落」的規律呢？在這個規律的配合中，主要有一個問題，就是在架子的動作上所有的左右虛實，對於蓄發的關係往往不得不和這個規律相矛盾；另一方面，由於練氣程度的限制，要有意識地利用這個規律，也必須等到最後「丹田氣轉」的階段才行，而要充分的發揮這個規律，則須等到蹻脈打通循環以後才行。我們仍舊按練氣的三個程序來討論這個配合的問題。

第一步在「練精化氣」的階段，在氣的方面，所練的任脈的上、下提放，這和丹田旋轉的距離不遠，故此，還談不上由丹田發動蹻脈的問題。在虛實方面，這時主

要是重心的轉移的問題。重心轉移只能根據架子的需要，不能根據「左右起落」的規律，若是一定要根據「左起右落」的規律來練，那麼，有時就不能利用重心的轉移來變化實虛了。

第二步，在「練氣化神」的階段。在氣的方面，所練的是任督脈的循環和丹田的晃動。其中丹田的左右晃動對蹻脈是會有較大推動作用，但這種作用只能為打通蹻、維脈打下基礎，還不能使蹻脈發揮正常的作用。比如中氣右晃時，其效果和右轉而開是顯然不同的。右晃時，右實左空，右邊的陰陽蹻脈便會全都充實起來，而左邊全都成為虛空，這顯然就不能達到開的效果。在虛實方面，主要就要靠這種氣的晃動來分。其對「左起右落」的規律所造成的矛盾，也和第一階段相似。假如真的一邊全實，一邊全空，並且是百分之百的晃動性質，那麼，在左右轉變時，可以說是毫無開合作用的。實際上，當不至此。

在第二步向第三步過渡時，丹田氣便開始能轉了，這就是開始要打通蹻脈的循環，發揮出它的「陰上陽下」的特點，以便主要依靠蹻脈，進行以氣運身，於是就可逐步地由開合造成左右、前後的活動，而不再是由左右、前後的活動來造成開合。從而，也就可在虛實變化中保證不偏不倚了。

第三步，是「練神還虛」的階段。在氣的方面，各路氣脈，包括蹻脈在內，都逐步走成循環，丹田氣也能逐步轉成了立體的太極圖路線。在這個階段裡，丹田氣向右、向下、向後轉時，對於也向下走的陽蹻脈有助長

作用；同時，向後面轉時，雖然有向下的**趨勢**，但因尾閭不通，加以吸提的作用，故反而向上時督脈起推動作用，於是全身就造成了開。

丹田氣向左、向上、向前轉時，對於邊向上走的陽蹻有助長作用，同時向前面轉時，雖有向上的**趨勢**，但因手足發勁，氣都上走陰蹻，加以呼吸的作用，故任脈氣仍降至丹田，全身就造成了合。此外，丹田氣本身也有個「右開左合」的特性，便也成為推動督脈而吸引任脈的主要原因之一。

第七、張與弛的關係與作用

王宗岳在他的拳論中說：「蓄勁如張弓，發勁如放箭」。所謂蓄勁、發勁，正是一張一弛。試看張弛二字邊旁都從「弓」，可知原來正是開弓射箭的意思。

打太極拳所講的「一開一合」，就是一張一弛，不過說到一開一合，便要懂得意氣，若是只從身形外面來看：就不免造成誤會。比如「弓」，它的一開一合，一張一弛是相符合的，外形上一開一合，內力上便正好是一張一弛，故按外形可辨其張弛。但對人來講，比「弓」要複雜些，外形開合，內力張弛，就不一定都是相符的了。比如單鞭式在身形上是大開的，其中的緣故是人身的張弛不以外形為準，而主要是以中氣或勁力為準的。

勁和氣是不可分割的，氣在哪裡、勁就在哪裡。練拳中一吸一呼或一蓄一發時，中氣便一開一合，身體就一張一弛。所以蓄勁時不論身形開合，都稱開勁。同樣的發勁也都稱合勁。開時如離中虛（☲），外實內虛；合時如坎中滿（☵），外虛內實。內家拳意氣為上，不重外

面，所以逕說開合不說張弛，而如按意氣來說時，開合和張弛便也是一致的。

但初學拳時，不可能馬上就結合到氣，而只能先搞身體運動，所以說開合難分，張弛易明，所以不如先談張弛問題。有人問「鬆開」不就是全身放鬆嗎？為什麼又要說一張一弛呢？問得好，這個問題要弄清楚。首先我們來談這放鬆問題，試想一想全身放鬆後，除了就地躺下之外，還有什麼其他可能呢？因為練拳既是一種運動，所以也就必須一張一弛或說一緊一鬆，只鬆不緊要躺下，只緊不鬆要僵住，其理甚明。

其次，我們再仔細想想這句話是在解釋「用意不用力」這個要點時說的。因此要徹底了解這句話就必須全面地研究「用意不用力」的全部解釋，方才不致誤會。不難看出，全身鬆開的目的是「不致有分毫之拙勁」，以便「輕靈變化、圓轉自如」和「意之所至，氣即至焉」。於是得到「如綿裹鐵，分量極沉」之真正內勁，可見全身鬆開，是一張一弛中的總要求。而放鬆卻只是一個「弛」。其實只弛不張就會造成軟弱無力的後果。

再說「弓」要用時先需上弦，這在練拳也是一樣，必須「上著弦」，不能盡量放鬆，否則就沒有彈性了。在這一點，那些主張全身放鬆的人顯然亦會搞錯，而且他的練法還一定正好相反，既不但不上弦，而且是否可能大大放鬆，只要仍舊站得住就行。這種張得不足而弛之太過的練法，最多只能造就一張軟弓。並且還只在部分範圍內才具有弓的彈性。

拳論云：「氣以直養而無害，勁以曲蓄而有餘」，才

是正確的要求。這樣練法正和放鬆的練法相反，但要求不斷地提高自己的強度，爭取做強弓強弩，故要在張的一方面採取積極態度，只要彈性夠，盡量張好了。原是自己張自己，不會像弓一樣被折斷的。張時弛時要注意，必須要留幾分勁，因為一個人也不會像弓一樣有根弦拉著弛過度時，身便散亂了。當然在弛的方面也要加以發展，以擴大適應性，但在用力方面講，這比張的方面容易，故重點仍應注意張的方面。

說到張的幅度這是個重要問題。依據上述意見，這主要是個力量的幅度，而不單是距離的幅度。再拿弓來講，對於一定的弓，其張弛幅度最大時，射箭也最遠，但這個幅度在張和弛的兩端不免要受限制，那就盡量張到某個程度時會折斷，而盡量弛到某個程度時又會散亂。

因此，這個幅度也就被限制在折斷和散亂的中間，我們注意在這中間一般距離內，不論是張或弛；弓體中力的分布都有一總的特點——均（這當然是按理想的弓來說）。也就是在每一瞬間，弓體中任何一點張的力量都是相等的，而且整個弓體在張弛過程中，每一點張力的增減率也都相等。

在空間和時間的分布上，張力都很均勻，這便是彈性物體的共同點。反過來說，若保持彈性，就一定要注意「均」的問題，練拳當然要比弓射箭複雜得多，但實際上完全可以通過同樣的概念來理解。因此，就可以知道，為了達到理想的效果，使拳必須力求在均的條件下有最大的張和弛的幅度。

說到這裡，我們把「均的條件下有最大幅度」的原

則再結合練拳來研究一下。上面在以弓為例時，假定的是某一張固定的弓，其均勻程度和幅度是固定的，因而其強度（即最大的張力）是固定，或是硬弓，或就是軟弓。但對於某一個固定的人來說，他的均勻程度和幅度卻是可以變化的，而且練拳的基本目的也就是為要改進均勻的程度，以求成為一張可硬可軟的弓。那麼，在練拳中，應該先求均勻還是先求大幅度呢？這就沒有一定了，比方年輕人身體彈性好，就可以多練練幅度；年紀大的和體質的則不妨練練均勻，再在較均勻的情況下穩步地增加幅度。實際上在任何事物的發展過程中，均勻只是一個暫時現象（某一條件下的均勻），而不是經常現象，練拳也當然不會例外。增加幅度破壞均勢，再取得均勢，其最後目標還是均。

第八、勁與力的區別

關於上面所談到的「均」乃為天下之至理。可以拿來作為「內勁」的註解。科學家在實驗室中把鋼鐵等金屬，加以特殊處理，而使它們的組織變得更均勻之後，它們的強度便能增加到幾百倍以至一千倍以上。或把食鹽這樣稀鬆的物質，冷卻到近於絕對零度，而使它們的組織變得均勻後，它們的強度便也可接近於鋼鐵。所以從科學的實驗來看，太極拳的發勁「如百煉鋼、何堅不摧」，也不是誇大其詞的。

外家拳和內家拳有一個本質上的共同點，即兩種拳都是以一張一弛來運動的；但也有一個本質上的不同點，那就是內家以張為蓄，以弛為發，即所謂「蓄勁如張弓，發勁如放箭」。而外家拳則「以弛為蓄、以張為發」正好

相反。

　　總之，不論什麼運動，脫離了一張一弛的規律是絕對無法進行的。而且，根據人身的自然規律，還總是在張時吸氣，而在弛時呼氣的。我們為了便於說明問題，就把凡是配合呼吸和全身統一的用力都稱為勁，弛時呼氣便是內勁，一張一弛輪換而行，一內一外互為其根，可見決無外勁脫離內勁，也無內勁脫離外勁。關鍵問題，只是在於起作用的是哪一種勁。用內勁作發勁的稱為內家拳，用外勁作為發勁的便稱為外家拳了。

　　所以，內家拳並非只有內勁，而只是以內勁為用罷了。外家拳相反亦然。

　　根據上述原則，我們把不配合呼吸或不統一的用力都直接的稱為拙力。它使人們的運動不協調，或使各部分力量互相牽制和抵消。這樣運動的效率當然很差。例如，用舉重來說，一般初學的人就進住氣往上舉，不但吃力、並且不討好，甚至還會扭傷。

　　一般人在小孩時期的用力相當協調，也就是所謂整勁，漸漸成長後，就在勞動或運動中培養成局部用力習慣，以後就不容易改掉了。在練拳中，所以要「用意不用力」的原因，便是要防止這種條件反射的局部拙力，而不是絕對不許用力。因此，談到用勁，便首先要克服局部用力的習慣，而這是很不簡單的。

　　按外勁或內勁的本身來看，它們都是配合呼吸的用力，這算是勁，分不出彼此有什麼優劣。但如結合某種運動的具體目的來看時，就可以比出優劣來了。例如舉重，按這種運動的目的來看，顯然外勁就占了絕對優勢，

你想若把石擔往上舉時而呼一口氣，那能行嗎？當然不行。一呼氣全身一鬆，石擔就有往下掉的可能，所以往上用力是不能呼氣的，呼氣是不合理的。

再如打夯、推車，這就必須用內勁才行。你看人們在打夯時，總是唱起號子，以便加一把勁，這就是因為他們用勁時總是呼一口氣，若是用「悶口勁」來打夯，當然也就會不得勁了。還可以在物理概念上來說明一下內勁在武術上的合理性。

如前所述，所謂內勁就是以弛為用，以張為蓄的用力方式。於是從能量的變換上說，張就是能量的積蓄過程，弛就是能量釋放過程。如果需要一種頂勁、抗勁，如耕地、舉重等，就應在張的過程中起作用，其實能量的增加引起了張力或壓力的增加，於是就克服了阻力而作功，但如果需要的是一種打擊力，推動力，如打鐵、射箭、開炮等，就應在弛的過程中起作用，能量釋放的結果就使鐵錘、箭或炮彈得到了必要的加速。

因此，在技擊上講，用內勁的就像開炮、射箭的推動力和打鐵錘的打擊力。用外勁的多呈現出頂撞，或相互對抗的局面，最後是力大者勝。

關於內勁方式的張弛蓄發，初練時還是比較粗糙，即所謂直來直去，不能持久要停頓，身體上也會發生凹凸和缺陷。進一步即須曲中求直，圓轉運行，於是雖然在一張一弛的過程中，力量在不斷地變化，但速度仍可保持均勻、全身亦可始終保持鬆開，以滿足太極拳的原則要求。根據簡單的物理概念就可知道，在各種運動中，只有圓圈運動才能在外力變化的作用下，仍可保持均勻

的速度，而且也正是由於圓圈運動的離心力和向心力的作用，才可使人身一直保持鬆開狀態。

至於談到武術方面，太極拳所謂「四兩撥千斤」和「以靜制動」更是捨掉轉圈便不可能了。

最後我們說，練拳的懂勁與否，主要的考驗就是對敵，下面就按一般常見的對敵方式，順次說明用勁的粗細，最粗的自然要數斗牛，基本上都是拙力。

其次是各種摔跤，在斗牛的基礎上已經有了一些變化，而且其中也有粗細之別，如果是硬把人扳倒，這是外勁比較粗；如果能爽快把人摔出去，這就是內勁比較細了。再其次是西洋的拳擊和擊劍，其中便已開始講究步法和利用體重了，但一般仍以外勁為主。

然後便是少林拳，其身法靈便，拳沉腳重，歷代都不乏高明之士，可是大都還缺乏貫通而流於駁雜，以致仍難越出「手快打手慢，有力打無力」的範圍。所以欲達到「豈以力勝，快何能為」的程度，只有真正練好太極拳才行。一旦練到相當細膩的境界後，自然就會領會前人所說的話不虛了。

六、太極功法的陰陽哲理

縱觀宇宙空間，從宏觀天地到微觀世界，都有渾然太極之理。古人云：「太極者，無極而生，陰陽之母也」。

的確，如果我們仔細觀察細心揣摩，形形色色的物質世界，無一不處於陰陽動靜的運動中，因此用陰陽哲理來剖析某一特定事物的始終，就一定會抓到事物的本質。同樣，用陰陽哲理來指導實踐，也一定會理為吾用，

成事圓滿。

目前流傳於世的太極拳派式很多，有關太極拳的理論論述也不少，但是，萬變不離其宗，集諸家百說於一理，我想是否可用以下幾句話來概括之。即「頭頂太極、懷抱八卦，腳踩五行」應該是太極拳的廬山真面目。

俗話說：「天下把式是一家」。就理論上，任何拳術講究動靜分陰陽，變換循八卦，運行軌五行，這豈不是任何武術運動的普遍規律嗎？為此，本節就是想從武術正宗上來探討一下太極拳的理論問題。

（一）太極要義

老拳譜上講：「太極本無法，動即是法」這種觀點，應該是武術運動的普遍真理，就太極拳這個特定事物來講，因為太極之初廓然而無象，動則分陰陽，陰陽即為太極。例如：盤拳之初的預備式，其體象為清心寡欲渾然無象，實際上這就是無極，由動才變，變則生陰陽，陰陽為兩儀，兩儀由太極而生，所以說：太極是無極而生，陰陽之母。

至於拳譜所指之法即寓陰陽孕生之哲理。同時告訴人們，太極拳在技擊過程中，沒有固定招數，只有在動靜陰陽中，才能形成某一特定條件下的種種法則，而任何法則的精髓，千變萬化也決不會離開陰陽。大到無限的多維空間，小到不可再分的幾何學上的一點，每動有每一動的陰陽虛實瞬間，每處有每一處的陰陽虛實變換。由體到形，由表及裡，無一違背陰陽之理。所以說，太極拳體用演練者，頭腦中時刻應該想陰陽，每動必須循陰陽，否則枉下功夫終生，到頭來還是會瞎子摸象，談

所非談，用所非用。

（二）太極八法要義

拳譜上常見太極十三勢之說，在理解中，有人把十三勢說解十三個姿勢，這是不正確的。

實際上太極十三勢是十三種方法，這就是我們平時所講的掤、擠、攄、按、採、挒、肘、靠，進、退、顧、盼、定。其中前八字是八種手法，後五字是五種步法，即俗稱八門五步，或稱八卦五行，都是指這十三法。

前文提到，懷抱八法，也就是指八種法，而這八種手法又與文王八卦方位圖有嚴格的四正四隅對應關係。

太極拳理屬內家拳種。因此，八卦方位與人體對應各有其竅，而每竅在人體經絡臟腑中又各有其位。這樣在太極拳運行中，以意引氣，按竅運身，意到氣到，氣到勁到，這就是太極拳內練要義的根本所在，實踐證明，太極拳久練得道者，不但在技擊上可出奇效，在保健上也會起到祛病延年的效果。

為了使讀者確切了解太極八法所屬經絡臟腑竅位，與八卦的對應關係，現按八法順序詳述如下：

1.**掤**：在八卦中是坎(☵)中滿。方位正北，五行中屬水，人體對應竅位是會陰穴，此穴屬腎經。八法中此字主掤勁。

2.**攄**：在八卦中是離（☲）中虛。方位正南，五行中屬火，人體對應竅位是祖竅穴。此穴屬心經。八法中此字是攄勁。

3.**擠**：在八卦中是震（☳）仰孟。方位正東，五行中屬木，人體對應竅位是夾脊穴。此穴屬肝經。八法中此

字主擠勁。

4.**按**：在八卦中是兌（☱）上缺。方位正西，五行中屬金，人體對應竅位是膻中穴，此穴屬肺經。八法中此字主按勁。

5.**採**：在八卦中是乾（☰）三連。方位隅西北，五行中屬金，人體對應竅位是性官和肺俞兩穴，該穴屬大腸經。八法中此字主採勁。

6.**挒**：在八卦中是坤（☷）六段。方位隅西南，五行中屬土，人體對應竅位是丹田穴，此穴屬脾經。八法中此字主挒勁。

7.**肘**：在八卦中是艮（☶）覆碗。方位隅東北，五行中屬土，人體對應竅位是肩井穴，此穴 屬胃經。八法中此字主肘勁。

8.**靠**：在八卦中是巽（☴）下斷。方位隅東南，五行中屬木，人體對應竅位是玉枕穴，此穴屬膽經。八法中此字主靠勁。

上述八個字的卦、位、體三者之對應關係可由下圖表示之。

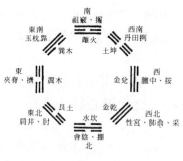

八法八卦圖

（三）太極五步要義

太極五步是太極十三總勢中的五種步法，前文中提到腳踩五行，這是指進、退、顧、盼、定五種步法。這五種步法同樣也對應著人體經

絡臟腑的有關竅位，同時也對應著天之五行，即金、木、
水、火、土。現將其對應關係分述如下：

1.**前進**：在五行中屬水，方位正北，人體對應竅位是
會陰穴，此穴屬腎經。

2.**後退**：在五行中屬火，方位正南，人體對應竅位是
祖竅穴，此穴屬心肝。

3.**左顧**：在五行中屬木，方位正東，人體對應竅位是
夾脊穴，此穴屬肝經。

4.**右盼**：在五行中屬金，方位正西，人體對應竅位是
膻中穴，此穴屬肺經。

5.**中定**：在五行中屬土，方位正中央，人體對應竅位
是丹田穴，此穴屬脾經。

上述五步的五行、體、位對應關係可由下圖表示：

（四）天干地支要義

以上講了十三勢與八卦、五行與人體穴位之間的對應關係，從對應關係中，我們可以簡單的看出十三勢功法在保健和技擊上的意義。因為功法在人體有穴，所以十三勢行動時，實際上就是循經內練，這樣必然會使人體的氣血流通無滯，從而起到袪病延年的保健效果。

五步五行圖

前文提到，太極十三勢是十三種方法，這裡所指的方法，究竟與理論所講：「太極本無法，動即是法」有什

麼內在的聯繫呢？這是一個很值得討論的問題，前文也提到太極由動而生法，這裡所講的動，在太極運行中就指意動；這裡所講的法，實際上是在意念引動下陰陽產物。在技擊中也可以說是捨己從人，後發先至的聽勁反應。總之只是有勁時才生陰陽，有了陰陽才能產生出基本方法中的某一特定方法。不從時間空間的概念來描述十三法的特定狀態，就無法理解太極拳的每動有每動之虛實、每處有每處之虛實的說法。

我們可以把太極功運行者，看成一個在空間運行的渾然大球，球中可孕陰陽，陰陽因意動而生，而十三勢正是在大球運行中因意念引動而產生的基本方法。

所以說渾然大球並無法，只有意動才生法，這就是十三勢與拳論上所講有關論述的內在聯繫。從整個太極功法的運行來看它是連續的。但是從基本方法的任一特定狀態下的一個瞬間○點。

太極功法在技擊中，就勁別來看，由十三種基本方法的不同組合，可出勁法三十六種之多，如果我們再進一步思考，勁法的產生是由意動而來。意念如何動？勁法如何生？這是本節要討論的核心問題。

要分析這個問題，首先得從天干地支說起。因為天干地支本來是我們的祖先用來描述天地日月運行規律的計時符號，但是在太極拳中天干地支又被用來描述陰陽變換和勁法產生的基本原理。

在五行統論中，天干立十，以應日象，它為天之五行。十干分甲乙丙丁戊己庚辛壬癸，它們與五行方位之對應關係見下圖：

干支五行圖

地支十二，以應月象，它為地之五行，十二地支分子丑寅卯辰巳午未申酉戌亥，它們與五行方位之對應關係見左圖。

天干地支在太極拳法中，用十天干對應人體之竅位以應十三勢中之五步；另用十二地支應人體之竅位通過六合六沖以應十三勢中之分法。

十天干與五步之間的因果關係，我們討論如下：由上圖可知，天干與五行之對應次序是：東方甲乙木、西方庚辛金、南方丙丁火、北方壬癸水、中央戊己土。前文講過五行在人體都對應有竅，所以天干與五步的關係即：左顧木，右盼金，前進水，後退火，中定走。如下所述：

1.**前進：**如欲前進，只要意想會陰穴，眼神朝前上方看，身體便自然前進。

2.**後退：**如欲後退，只要意想祖竅穴，眼神向前下看，身體便會自然後退。

3.**左顧：**如欲旋轉前進，只要意想夾脊穴往實腳之湧泉穴上落，身體便會自然地螺旋著前進。

4.**右盼：**如欲旋轉後退，只要右手抬至與乳平（即以拇指和膻中穴相平）同時左手抬起至肚臍與心窩之間，而左右兩手手心均朝下，意放膻中穴微收，眼神順左手

食指往下看入地三尺，身體便會自然地螺旋後退。上述為左虛右實，反之亦然。

5.**中定**：如欲立穩重心，只要意想命門和肚臍，立刻就會穩如山岳。

所以說五步應五行，五行在人體中應五竅。因而五步練在內，形於外，只有內外合才能靈活奏效。

十二地支與八法的關係是通過六合六沖產生的，所謂六合六沖可由下圖表示：

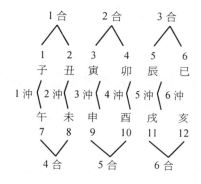

圖中按地支順序編號，如果規定奇號為陽，偶號為陰，則六合中每一合是陰陽相合而互為根，而同奇或同偶不能存便為沖。

六合六沖圖

十二地支對應人體也都可歸竅。但是它與前面所講的八門五步之竅位不同，前者有形的指出了四正四隅八方的固定符號。而十二地支與人體竅位之對應，完全是通過意念的變動和想像所產生的結果。正因為有這種意念活動，與意想中的穴道合成相沖就產生了太極八法諸勁，為使讀者進一步了解其中的要訣。現將十二地支對應人體穴道之分布情況說明如下：

子在腰（命門或會陰穴），丑在胯（環跳穴），寅在腳（湧泉穴），卯在背部（夾脊穴），辰在肩（肩井穴），巳在手（勞宮穴），午在兩肩中間（祖竅穴也叫玄觀），

未在肩（肩井穴），申在手（勞宮穴），酉在胸（膻中穴），
戌在胯（環跳穴），亥在腳（湧泉穴）。

由文中可以看出子午卯酉各作一支固定不變，肩胯
手腳作兩支，原因是沖合變化隨重心轉換而變化和轉換。
除子午卯酉不變外，餘者各干也因重心變換而換穴位。
例如：重心在右腳時，辰在右肩，未在左肩，丑在右胯，
戌在左胯，巳在右手，申在左手，寅在右腳，亥在左腳，
反之類推即可。（詳見下圖）

右重地支分布圖

左重地支分布圖

由地支分布圖可以看出，重心的轉換並不影響子午
卯酉，這就是說的四正。其餘各支都因重心轉換而變換，
這實際上就是四隅。

在太極功的運行中，重心是通過意動而變換的。而
重心的變換全過程，實際上就是在意念引動下通過地支
的六合六沖來完成的。地支的六合完成，重心的轉換也
就完成。六沖實際上也就是隱涵在六合之過程中。合是

地支相結合、沖是地支相排斥。又因地支在人體對應有竅，所以合與沖的過程，就是在意念活動中人體的穴位相合和散的過程。

但是，不要忘記開合是陰陽、陰陽必須互為其根。否則孤陰不生、獨陽不長。而六沖六合就是陰陽，這個陰陽消長過程就是意念引導下的地支沖合過程，太極功法的八法五步正是由地支的不同合沖而產生的，現詳述如下：

1. 掤勁：掤勁是通過地支中子與丑相合產生。例如：重心在右，意念就想命門穴與右環跳相合掤勁便會產生。反之亦然。（以下類推、不再贅述。）

2. 攦勁：攦勁是通過地支中午與未相合產生的。例如，重心在右，意念就想祖竅穴與左肩井並相合，攦勁便會產生。

3. 擠勁：擠勁是通過地支中寅與卯相合產生。例如：重心在右，意念就想夾脊穴與右湧泉相合，擠勁就會產生。

4. 按勁：按勁是通過地支中申與酉相合產生。例如：重心在右，意念就想中膻中穴與勞宮穴相合，按勁便會產生。

5. 採勁：採勁是通過地支中戌與亥相合產生。例如：重心在右，意念就想右環跳與右湧泉相合，採勁便會產生。

6. 挒勁：挒勁是通過地支中寅申或巳亥相沖而產生上挒和下挒之勁。例如：右手心朝上時，意念就想左腳的腳心（湧泉穴）向後蹬地，這樣就產生了上挒之勁；

右手心朝下時，意念就想右勞宮穴與左湧泉相合，這樣，下捋勁便會產生。

7. 肘勁：肘勁是通過地支中辰與巳相合產生。例如：重心在右，意念就想右肩井穴與左勞宮穴相合，肘勁便會產生。反之亦然。

8. 靠勁：靠勁是通過地支中辰戌或丑未相沖而產生。例如：重心在右，意想右肩井穴與左環跳穴相合，這叫辰戌相沖；重心仍在右，意想右環跳穴與左肩井穴相合，這叫丑未相沖，前者為肩靠，後者為背靠。

從以上所講的天干地支與太極十三法的因果關係，我們不難看出，太極功法的鍛鍊都是由意念導引通過人體竅位的沖合完成的。因而沖合的完成過程，也就是太極十三總勢的鍛鍊過程。

目前雖然流派很多，套路也長短不一，但是萬變不離其宗，誰也沒離開太極十三總勢，即陰陽、八卦、五行功法，聰明的讀者到此一定會領悟到，太極功的運行過程，實際上就是六合六沖的反覆變換過程，所以說太極本無法，或太極渾身都是手，這裡所闡明的哲理就是陰陽哲理，而在體用中的具體意義是指太極拳運行中，每一瞬間，每一點，都會因動而生活，有法即出勁，太極盤拳所以要慢，慢在意念要把六合六沖在體內不斷變換，練時慢，用時會因意動生法，反應驟然攻防永在人先。

為了使讀者能把上述心得要訣用於盤拳實踐，下舉一例可與讀者共享，為體用實踐證明沖合要訣。

例如右抱七星，六合是這樣形成的，就拿右實腿為

一條直線，作為六合的集中點。六合開始拿子（腰）與
丑合，即腰與右胯相合之後均往右腳心位置上集中。接
著寅與卯合，即拿右腳與脊背相合之後也往右腳那裡集
中。以下類推。如辰（右肩）和巳（右手）相合，即右
手抬起使拇指與心口窩前後對正，手心朝前；午（祖竅）
和未（左肩）相合，即用意想一想左肩，眼神仍保持向
前平視；申（左手）和酉（膻中穴）相合，即左手向前
上方抬起使拇指與鼻尖前後對正，手心朝向前胸；戌（左
胯）和亥（左腳）相合，即相合之後使左腿往前伸直，
腳跟著地，腳尖揚起，這時，意念全往右腳集中，所謂
抱七星式的六合便完成。

在拳路中，因為重心又要隨意動而變換，所以六合
完成也正是六沖的開始，在整套拳路中，六沖六合始終
在意念引動下，陰陽互回的在不斷共存變換中，而太極
功法的各種勁別，也正是在六沖六合的不同組合中孕育
產生。請讀者根據上例所談，自己去揣摩太極拳的真正
精髓吧！

七、太極推手動作圖解

太極推手有定步推手和活步推手兩種。推手術又有
單人練習法、單搭手法及雙搭手法，還有雙手單推、雙
手並用之法。但無論哪種方法，都是以掤、攦、擠、按、
採、挒、肘、靠八法為基礎，分成四正、四隅的方向，
配合手法循環不息地推動著。

㈠基本手法

學推手術，必須先由單人練習。掤、攦、擠、按是

太極推手中的四個正向動作，也稱四正。練習即以掤、捋、擠、按為主，用意不用力地按規則進行。待練得純熟後，便可由兩人互相對推，這就進入了學習的新階段。四正推手的姿勢如下：

(1)**掤**：面南背北站立，右手自右肋旁向前伸舉，大指遙對鼻尖，拳心向內，兩膝鬆力身體下蹲，右腳向前踏進一步，腳跟著地，腳尖蹺起，同時左拳向前伸舉，至大指貼近右臂彎處，掌心向前，隨之，右腳落平，曲膝略蹲、左腿舒直，形成右弓步式。這時，右掌掌心轉向前方，眼看右掌食指尖；意在左掌掌心，這就是掤手。（見圖1）

圖1　掤手

(2)**擠**：接上式、步法不變，右掌以小指引導向下降落，至以肘尖相平時為度，掌心向內，指尖向左。（即臂屈成九十度，橫平於胸前）。同時，左掌向前移動，至腕部貼於右臂彎上邊為度，掌心向外，指尖向上，眼神順左掌食指上方平遠視。重心在右腳，意在脊背。這就是擠手。（見圖2）

(3)**捋**：接上式，右掌以小指引導向右前下方移動至臂舒直之後，右掌心翻轉向上，（托著對方的左肘），跟隨左掌以食指引導向左後上方移動，至左掌遙對左額角為度，兩掌約距離十厘米，掌心均向外，指尖斜向上。

圖2　擠手　　　　　　　　圖3　攦手

與此同時，左膝鬆力，往後坐身，體重移於左腿，右腿
舒直，腳跟著地，腳尖蹺起，形成左坐步式，眼神注視
左掌食指尖；意在左掌掌心。這就是攦手。（見圖3）

圖4　按手

（4）**按**：接上式，步法不變。眼神
從左食指轉移到右食指上；重心仍在
左腿。同時，兩掌距離不變，鬆肩、
沉肘，這時兩掌自動的向下降落，向
右轉動，身子也隨兩掌邊落邊轉而向
右轉動，至轉向正前方（正南）時，
兩臂微屈，掌心均向下，橫於胸前，
左掌與兩乳相平，右掌與肚臍相平，
眼神仍注視右食指尖，意在膻中穴，
這就是按手。（見圖4）

㈡單搭手法

　　兩人相對立，右足各向前踏出一步，用於定步；兩
足併齊，用於大攦。右手自右肋旁作一圓圈運動，向前
伸舉，站好坐步姿勢，兩手腕背相貼，交叉做勢，這就

圖 5A　單搭手（定步用）

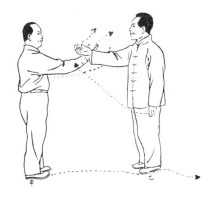

圖 5B　單搭手（大擺用）

是單搭手勢。（見圖 5A、5B）

圖 6　雙搭手

(三)雙搭手法

　　此式如單搭手式的作法，惟以另一隻手前出。各以掌心扶住對方之臂彎處。四臂相搭，以兩腕相搭處為圓心，共形成一大圓，雙方各得此圓的一半，即每一懷抱著一個小圓，好似雙魚形（太極圖的陰陽魚）。這就是雙搭手式。（見圖 6）

(四)單手平圓推揉法

　　兩人對立，作右單搭手式。(1)甲右手手掌下按乙右腕，向乙胸前推。乙屈右肱，手向內懷後撤，平還退揉，作平圓形，手腕經左肩下向右運行，至胸骨前（如下圖

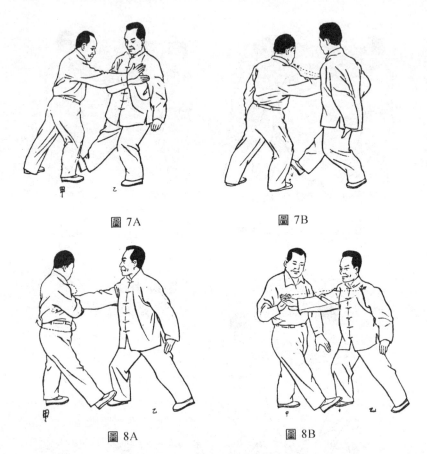

圖 7A   圖 7B

圖 8A   圖 8B

7A）。(2)乙身向左坐，肘下垂，復手貼於肋旁手腕外張，
脫離甲之手腕，還按甲腕（如圖 7B）。(3)乙手再向甲胸前
推（如圖 8A 之動作）。(4)甲手退揉，也成半圓形，循環
推揉，待熟練後再習新式。此是推手法的基本動作，左
式與右式同（見圖 8B）。

(五)單手立圓推手法

　　兩人對立，作單搭手術。(1)甲以右手掌緣，下切乙

腕（如下圖9A）隨之以手掌向乙面部前推（如下圖9B）。
⑵乙屈肱隨甲之切勁，由下退揉，畫上半圓形，經右肋
旁邊（如下圖 10A）。⑶乙右手接前之動作，做下半圓形
伸臂前推甲腹（如下圖 10B）。⑷甲身向後坐，屈右肱，
手貼乙腕隨其動作向身側下領至肋旁做前推勢。（見圖
9A、B，10A、B）

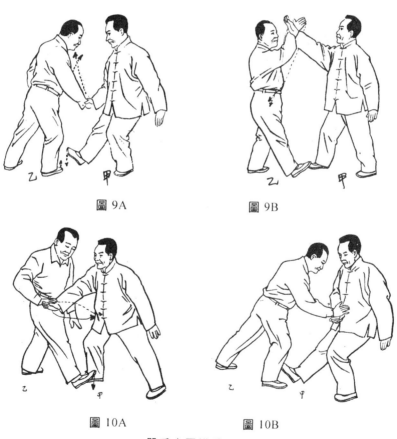

圖 9A　　　　　　　　　　圖 9B

圖 10A　　　　　　　　　圖 10B

單手立圓推手

㈥四正推手法

四正是指東、南、西、北四個正的方向。四正推手是兩人在推手時，用掤、攦、擠、按四法，向四個正向周而復始地做互相推揉的運動。練四正推手時，兩人對立，做雙搭手右式。

(1) 甲乙二人對用掤法，如掤力大於乙時，乙即曲膝後坐，曲兩臂，肘間下垂，兩手分攬甲之右臂肘腕處，向懷內右側上方攦，此為甲掤乙攦推手。（見圖 11）

(2) 甲趁勢平曲右肱，成九十度角，向乙胸前排擠，堵其雙腕，並以左手移扶其右肘彎處，以助長擠力的效果。乙當甲擠肘時，腰微左轉，雙手趁勢下按甲左臂肘腕處，使對方的力量不能上攻為度。此為甲擠乙按推手。（見圖 12）

(3) 甲左臂時，即被乙按著。（並且腰部感覺受到按力的壓迫，不太得力時）應急將右臂上托乙之左肘，使成斜坡狀態。此為逃手托肘推手。（見圖 13）

(4) 乙左肘即被甲掀起，此時乙應以兩手向左前方分做弧線，向上運行，掤化甲之掀力。此為轉腰圈掤。（見圖 14）

(5) 甲隨乙的掤勁，用攦法化之。（見圖 11）

(6) 乙隨甲的攦勁，用擠法進攻。甲順乙的擠勁，用按法破之。（見圖 12）

按上述動作周而復始，循環不息的運動，這就是四正推手法。

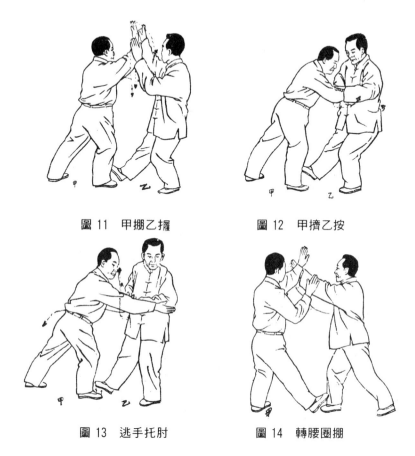

圖 11　甲掤乙擴　　　　　圖 12　甲擠乙按

圖 13　逃手托肘　　　　　圖 14　轉腰圈掤

㈦大擺單人練習八法四隅推手

　　⑴掤法：由預備式開始，右臂由下向前上方抬起，手心朝前，至大指對正鼻尖時，將手心朝後轉，同時左手自動抬起，以中指指肚扶在右曲池穴上。

　　與此同時，右腳向前邁進一步，足跟先著地，隨之腳心、腳掌、腳趾逐個落地，此時，意念想著命門穴與右環跳穴相合，右手手心自動轉向朝前方；鼻尖與膝蓋

尖和右腳尖三尖形成垂直線；右手大拇指甲和右鼻孔前
後對正，左手大拇指甲對正心口窩，橫著對正右肘尖；
眼神看右手食指指甲內側，不可過高或過低，右腿曲膝
為弓，左腿伸直為箭，體重全在右腿，兩腳形成右弓箭
步。（如下圖 15 所示）

圖 15　掤手

收式動作：右手以手心由上
向前下方降落再往回貼緊右膝外
側陽陵泉穴，同時收左腿向右腳
靠攏併齊，左手也以手心緊貼左
膝外側之陽陵泉穴，左右兩手手
心同時用相向之力並有欲將自己
抱起來之意念，稍停，兩手往後
移動，仍以手心托著臀部之環跳
穴（即髖骨，又名大轉子），並有
欲將自己托起來之意念。最後，
兩腳蹬地，身體立直，兩臂下垂，仍以手心貼著大腿兩
側，中指指肚貼緊風市穴靜一靜，收小腹，鬆胯提膝，
既可散步收式還原，也可接著做掤手左式，其動作相同，
唯姿勢相反。

(2)**擠手：**由預備式開始，右手以食指引導使右臂朝右
前上抬起伸直，再往左前方移動以食指肚和左眉梢前後
對正，此時右腳自動向前邁進一步，隨之，右膝微屈，
左腿在後伸直，體重在右腿，兩腳形成右弓箭步。與此
同時，意想右手中指、無名指、小指的指肚依次接觸到
地上似的，再想夾脊穴（脊背大椎下邊）。

此時，左手脈門便會隨著身子的扭轉而自動地貼右

臂的曲池穴上（即將大小臂一曲，橫紋盡頭靠撓骨處是曲池，靠尺骨頭處是少海，在兩穴中間是尺澤穴）。要像三腳鐵架子一樣固定住，即身體無論怎樣轉動，而它們之間都要保持貼緊，不要有絲毫鬆散。

此時右手背與左手的指尖是兩個接觸點，前腳必須落在這兩個點的正當中，才會產生出來一種往前衝的巨大力量，否則，擠勁便會失效。擠勁的真正威力效應，正如拳譜中所謂：「擠勁係十二地支裡面的卯字，排位在東方為甲乙木，木屬直性」。發此勁至人身上，就好像木頭樁子杵在身上似的那麼厲害。（如圖 16 所示）

圖 16　擠手

擠手的收式動作：左右兩手手心均轉向下往前伸展，兩臂向前伸直後，再朝左右平分，最後兩臂放鬆自然落下，仍以手心貼著大腿兩側，同時左腳向前與右腳靠攏，身體直立、併步還原。也可接著做擠手左式，動作相同，姿勢相反。

(3)頂肘：由預備式開始，右腳向正前方邁進一步，隨之曲膝前弓，體重寄於右腿，左腿在後伸直，兩腳形成右弓箭步。與此同時，左手大指朝天，小指向地也朝正前方伸出，與右腳成上下垂直線；右臂鬆肩墜肘，右手由前向後折回以手心（勞宮穴）與右肩頭的肩井穴相合，即右肘的曲池穴與左手中指指肚（中衝穴）相貼時，想以手心夠右肩井穴。最後意想頭頂（百會穴）要上入

圖 17 頂肘

天空，右腳心（湧泉穴）要踏入地中，右肘肘尖直向前穿要穿透無阻，眼神沿右肘尖所朝方向往前平視。

頂肘動作似有三條線：即頭頂心向上一條線，左腳向下一條線，右肘向前一條線，要求此三條線都要無限遠，眼神也應如此。（如圖 17 所示）

頂肘收式動作：此式與掤手收式動作完全相同，可參閱該式練習。左式與右式相反。

(4)肩靠：由預備式開始，右手由下向前上方抬起與肩相平，意想大拇指、食指、中指、無名指、小指等五個手指的指甲蓋向上托起，之後，意想右臂的腕、肘、肩等活關節好似折斷了而依著次序的脫落下來，同時左手向前抬起與肩平，兩眼朝身後回顧右手食指指甲，左手也隨之由左向右移動到右胯旁，手心朝下虎口朝後，右手虎口朝前，手心朝後下方，兩手虎口遙遙相對，此時，左腳自動往左橫跨半步，左肩也自動轉向正前方，意念在腦後之玉枕穴。（如圖 18 所示）

圖 18 肩靠

「靠」的收式動作：兩臂兩腿同時鬆力，身體由右往左自然轉動至極點。之後再自動地轉回來，如此地轉來轉去直至身體立直為止。

這好像游泳潛伏出水時之情況，身上沾滿了許多小水珠似的。左式與右式相同、姿勢相反。

圖 19 攦手

(5)攦手：由預備式開始，以左手食指肚觸摸右眉梢，右眉攢，兩眼要注視左手的食指肚，這時手和眼的距離自然拉開。繼之，左手食指肚轉向外以食指指甲蓋對正左眉攢、左眉梢，眼神轉到左食指指甲上。與此同時，右手自動抬起，以右手中指和左手大拇指相平，兩手中間相隔一掌寬；右腳也自動地朝右後方撤退一大步，左腿屈膝，右腿伸直，體重寄於左腿，兩腳形成左弓箭步。（如圖 19 所示）

攦手收式動作：收式收式動作與肩靠之收式動作完全相同。左式與右式相同、姿勢相反。

(6)按手：由預備式開始，右手朝右前方抬起以大拇指和兩乳中間之「膻中穴」相平，左手也隨之抬起大拇指和肚臍相平，兩手隨同身子之左轉而轉向左方，使兩手分落在左腳的兩側，手心均朝下。與此同時，右腳朝右後方撤退一步，左腿屈膝，右腿伸直，兩腳形成左弓箭步，體重在左腿。兩眼順左食指尖內側往下注視意欲入地三尺。（如

圖 20 按手

圖20所示）

按手收式動作：此式動作與攞手收式動作完全相同。左式與右式動作相同，姿式相反。

(7)**採手**：由預備式開始，左腳向後撤退半步，腳尖外擺，左腿屈膝略蹲，以左膝蓋尖與左腳尖成上下垂直線；右膝蓋尖與右腳腕（內外踝骨）成上下垂直線，右臂鬆肩墜肘，右手臂屈指尖朝天，以大拇指與鼻尖前後對正，以中指尖和右肘尖成上下垂直；左手以虎口（合谷穴）貼近右曲池穴，兩眼順左手食、中指的空隙間往下注視意欲入地三尺。（如圖21A、B所示）

採手收式，兩臂鬆力自然下垂，使手心仍回貼著大腿兩側，同時收回右腳向左腳靠攏。左式與右式相同，姿勢相反。

(8)**捌手**：由預備式開始，意想右肩井穴和左環跳穴，這時體重自動移至左腿，身子也隨著略微下蹲，這時再意想右曲池穴，與左陽陵穴成上下垂直線，此時，右臂屈，手心朝天；左臂也微屈以手心扶在右臂彎處，即靠近右曲池穴；眼神注視右手食指指肚。與

圖21A 採手　　圖21B 採手

此同時，左腳向下蹬地，直到蹬不上勁為止。右腳在身子下蹲之同時，右腳即自動地向前邁進一步，腳跟著地，腳尖翹起，當左腳蹬地時，右腳逐漸隨之落平，右膝微屈，左腿在後伸直，兩腳形成右弓箭步，體重在右腿。手心朝上時在腳上為「上捯」。（如圖 22 所示）

接上動，意想左手心先朝右腳心底塞入，再向右將右腳橫撥起來，然後右腳借左手向下按和橫撥之勁，則倏的一下提起來，並向身之左側擺起而垂懸不落，左腳單腿支撐體重。與此同時，左右兩手手心均朝下移到身之右側，意在左手心，眼神注視右手食指指尖。此為「騰挪捯」。手心朝下意在手上為「下捯」。（如圖 23、24 所示）

捯手收式動作：兩臂鬆力，自然下垂，兩手手心仍貼在大腿兩側，同時右腳也鬆力下落與左腳靠攏併步還原。左式與右式動作相同，姿勢則相反。

圖 22　上捯　　　　圖 23　下捯　　　　圖 24　騰挪捯

　　以上就是太極八法操練方法及其要領，操練者只要
按上述方法及要領認真堅持磨練，日久天長必見功效。

㈧大擓兩人推手八法

　　兩人對立做好單搭手式。（參考前圖預備式）

⑴甲掤乙擓法

　　甲方：右腳向前邁進一步，以腳後跟和乙方的左腳
後跟外側相互貼近（此稱套鎖）。與此同時，以左手扶住
乙方右肘，始終不要離開，以右手的拇指肚朝對方的鼻
子尖推去，眼看自己的右手食指指尖，兩腳形成右弓步。

　　乙方：將左腳收回，與右腳靠攏，然後往左後方撤
退一大步，體重仍在右腿，在撤步之同時，以右手粘其
右腕，以左手扶其右肘，往右後上方回擓，眼神注視右
手食指指尖。（見圖25）

⑵甲擠乙按法

　　甲方：將左腳向前邁進一步，以左腳後跟與乙之右
腳後跟貼近，隨之曲膝前弓，右腿在後伸直，體重在左
腿，兩腳形成左弓箭步，與此同時，以右手手背貼住乙
方之前胸，並以左手脈門扶在右臂彎處，向前擠出，眼神向前平視。

　　乙方：當甲之左腳邁進一步之同時，將右腳收回，靠近左腳，再向右後方撤一大步，體重仍在左腿，

圖25　甲掤乙擓法

　　兩腳形成左弓箭步。與此同時，以左手粘住甲之左手腕，以右手按住甲之左肘，往自己的左膝前下方按，兩眼注視左手食指指尖。（見圖 26 A、B）

圖 26A　甲擠乙按法　　　　圖 26B　甲擠乙按法

(3)甲肘乙採法

　　甲方：將右腳向乙之襠內直進一步，隨之曲膝前弓，左腿在後伸直，體重在右腿，兩腳形成右弓箭步。與此同時，右手大小臂曲折，與右手心靠右肩，並以左手大指朝天，中指指尖抵住右臂彎之尺澤穴，兩眼順右肘尖的上面往前平遠視。

　　乙方：當甲方進右步之同時，左臂前伸，右腳後撤半步，腳尖外擺，左腳尖朝前，右腳尖朝右，使兩腳成 90 度角，隨之，左小臂豎直，使左手中指尖與肘尖上下成垂直線。兩腳形成半馬襠步，即右腿使右膝與右腳尖成

圖27正　甲肘乙採法　　　　圖27背　甲肘乙採法

上下垂直線。占體重 70%，左膝與左髖骨成上下垂直線，占體重 30%，右手與合谷穴和左肘外側相貼，手心朝下，兩眼注視右手食、中指間入地三尺深。（見圖 27 正背二面）

⑷甲靠乙挒法

甲方：當身子被乙採住向前傾時，以右手扶乙方的右手腕，左手扶乙方的右肘，兩手往同一方向，即向乙方的頭頂後上方掤出，隨即，兩臂放鬆朝自身之右後下方往下落，兩手手心均朝下，兩手的虎口前後遙遙相對，即左手靠近右肋，右手靠近右胯，使右手掌根與左右兩腳的腳後跟成等邊三角形，在兩手由前往右後方移動之同時，左肩朝乙方前胸撞擊，同時左腳也往左側橫移半步，眼神注視左食指指尖。

乙方：當右手臂被甲捧起後，即順其方向從頭頂落到身後，再從身後繞至身前，以右手捋甲之左肘，往左

 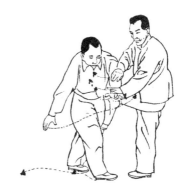

圖 28A　甲靠乙挒法　　　　圖 28B　甲靠乙挒法

腳之方向沉落，左手同時先移到右腋下，然後用左手刁
住甲之左手腕，也往身之左側挒之，使右手靠近左肋，
左臂朝左伸直，兩手手心均朝下，與此同時，左腳蹬地
騰起，使左腳由甲方右腿的外側移到內側，再往右移至
身之右前方，垂懸不落，兩眼注視左手食指。（見圖 28）

　　以上是甲進乙退（甲以掤擠肘靠為進攻之法，乙以攦
按採挒為化解之法）之八種方法，若在返回的話，那麼，
即乙進甲退為左式。如接上式演練，乙掤甲攦：乙方將
左腳落於甲之襠內，但須以左腿與甲右腿相貼緊，隨之，
左膝微曲前弓，右腳在後伸直，體重在左腿，形成左弓
箭步，同時以左手仍扶甲之左手腕，右手仍扶其左肘，
往右前上方圈掤，眼神注視左手食指尖。

　　甲方：將右腳往右後方撤一大步，體重仍在左腿，
兩腳形成左弓箭步。與此同時，用兩手分別扶乙之左手

左肘，朝左後上方攦出，眼神注視左手食指指尖。（見圖28）

由此往下「乙擠甲按」、「乙肘甲採」、「乙靠甲挒」等手法，均以右式動作相同，惟姿勢相反，如此往復演習，循環無端，要求熟練，方能進入巧妙之境界。

換手換步法：進攻者以肘靠二法連續重複多遍均可；化解者須用採挒二法連續練習多遍均可；如進攻與化解結合練習，即可以由原左式變為右式，或由原右式變為左式練習，其餘類推。

尾　語

這本書由於編寫中時間倉促，可能有不少欠妥之處。另外，涉及到現代科學如：力學、生理、心理等學科的分析和探討，也未及編入這本冊子內，但是筆者深信，作為一門學科，太極功法確有它獨到之處。集幾十年的體用實踐，筆者深感太極功法是一門極為科學而又嚴密的學科，是祖先留給我們的一份珍貴遺產。為了使這份遺產的發揚光大，筆者認為，必須在繼承和發展的基礎上，把太極功法與現代科學相結合，從而使它能規範化、普及化，否則，太極功法還只能為少數人所掌握，對多數人來講，只能望洋興嘆、事倍功半矣！

附：

習練王培生老師創編的吳氏太極拳
治好多種病症的實例

例1：治好纖維瘤、高血壓和膽結石

葉卓如，女，65 歲，人民日報譯審、中國社會科學院新聞系教授，住址：人民日報宿舍民 22 樓 2- 102。

我開始和太極拳接觸還是在三十多年前，當時是屬於旁邊站的分子，原因是我總自認為「少一根運動神經」。

今天我學太極拳倒不單是因自己患高血壓、動脈硬化和膽石症，還想進一步領會拳術在防病和治病上的特殊功效。我跟王培生老師學太極拳，到今天才五個月，就在這起步的瞬間裡已經學到了甜頭，過去走路步子小、又慢，上樓喘喘噓噓，騎車蹬不快，不持久，現在步子輕鬆多了，腿上有勁了。有人開玩笑說：「老太太越活越年輕了，走路有生氣了，還敢在刮風天騎車上街呢」。

一年多來，原因不清楚的溏瀉也好多了。

今年 4 月初在一次洗澡時突然發現右大臂外側有一個蠶豆粒大小的硬包塊稍高於皮膚，不痛不癢，經外科大夫診斷為「良性纖維瘤」需要手術，和大夫約好秋後天涼門診手術。9 月底天涼了該去手術了，可是當時正在從事王培生老師太極拳和神力功等小功法起勁的時候，不捨得耽誤學習，就把手術時間改在 10 月底了，手術的前一天自己摸摸看到底長大多少了？

奇怪的事發生了，怎麼包塊不見了，左摸右按就是沒有，家裡人也來摸也沒有，我還不相信，就讓來串門

的外科大夫再摸摸。回答：沒有纖維瘤，一切正常。還用問嗎？真的，沒錯！纖維瘤化了。

例2：治好類風濕性關節炎

中國日報國際部編輯傅志強　男，45歲。

我已是 45 歲的中年人，練拳以前身體較弱，主要是兩腿無力量，由於二、三十年前患有類風濕性關節炎未痊癒，雖已基本控制，但仍有時復發，經過一年多學習王培生老師的太極拳，尤其近三、四個月站「川字步」樁，（每日四、五分鐘）竟然奇跡般地治癒了殘餘的關節炎，現在走路輕鬆快捷，猶如青春再還，上樓時一步可跨三級而不費力。

另外，現在精力充沛，每日睡眠減少至 6-7 小時，過去常年夜班的昏沉狀態早已煙消雲去，大大提高了工作效率。跟王老師學太極拳還產生了一件意外效果，1986年 5 月學拳開始後，我每日站「一字立體」樁（吳式 37式太極拳基功之一），百日後，腹部堅硬異常，可抵擋青年男子猛力打擊，丹田氣很充足。

例3：治好神經官能症、膽囊炎、十二指腸球部潰瘍、風濕性關節炎和低血壓等症

浙江杭州橫鋼鐵合金廠供銷科，科員，于林英，女，42歲。

我是 1968 年中專畢業的幹部，自 1971 年產後得病以來，我開始患有嚴重的神經官能症和膽囊炎，由於身體極度虛弱，接連又得上了胃十二指腸球部潰瘍、風濕

症、低血壓等症，到後來又因嚴重貧血，終於喪失勞動力，由於長期的精神負擔，於 1978 年就轉為無精神憂鬱症，生活不能自理，常有輕生念頭，雖經各地各大醫院求治，並無多大轉機。

抱一線之希望，在北京勞動文化宮學習了王培生老先生創編的吳式太極拳和乾坤戊己功等功法。經短短的一年來鍛鍊，我驚奇之中欣喜自己的身體逐漸脫離了病魔。現有如下變化與讀者共鑒：1.眼睛散光，右眼由原 200 度降為 100 度。2.血色素由原 6 克增到 12 克。3.血壓由原來的 90/50 變化到 110／70—80，而且一直穩定。4.膽囊炎未經任何治療現已消失。5.胃口大增、精力很好，以往的一切病疼俱往矣，我得救了。

例 4：治好體質虛弱多病而由弱轉強

于蔭亭，女，47 歲，北京電線廠工作，住京棉二廠宿舍 49 號樓。

我因為體弱多病，經人推薦我認真的學習了王培生老師創編的吳式三十七式太極拳，隨著學習的深入，我覺得這趟太極拳，道理深、收效快。我家是世傳中醫，對中醫經脈的道理深受熏陶，我發現王老師的拳理中所說的陰陽哲理和辨證體用的教拳理論很有指導意義，而且越練越覺得理為一貫，收到了從未預料的效果。如今我的身體強壯了，一切疾病脫體了。

例 5：治好肝功單項指標極不正常

薄增坤，男，44 歲，北京國棉二廠工作。

　　我在廠內做治安保衛工作，平時由於工作勞累，總覺身體不適，經檢查發現肝功單項指標極不正常，雖經用藥並無好轉，思想負擔很沉重，經人介紹學練王培生老師創編的吳式三十七式中幾個單式子，不久體症好轉，於是練興更濃，接著學習了全套路，這趟拳還未練完，如今我的身體早已復原了。

例6：活好糖尿病

　　蘇待久，男，45 歲，吉林省公主嶺市第四中學校辦工廠工作。

　　我在吉林省工作，十年動亂中因受株連，使身體折磨致病，到後來患了糖尿病，久經醫治皆無效。一次偶然機會，我拜讀並學習了王培生老師著作的《太極拳三十七式》和《乾坤戊己功》。雖只三個月的練習，如今我再作病體檢查，已由原來之（＋＋＋＋）降到（＋）或（－）。

例7：治好肺病、膽囊炎和腿浮腫

　　中國日報社，潘景怡，男，61 歲。

　　我從 1980 年 6 月起到 1984 年 7 月長期上夜班，一段時期內上午休息不好，1984 年 5 月體檢發現左上肺有陰影。1984 年 7 月開始休息並住院治療。1985 年 9 月基本鈣化，同年 9 月，突然患急性膽囊炎，經住院治療炎症及高燒雖然得到控制，身體卻變得瘦弱了，體重下降到 45 公斤。1986 年 7 月住院做手術後，休息半年才又恢復工作。早在 1984 年時，右腿下半肢就經常浮腫，經中

西醫治療均未見效，1987 年 6 月下旬開始學習王培生老師創編的吳式太極三十七式，開始三周內浮腫一度加重，但經過堅持活動四個月後，浮腫逐漸消退，現已基本痊癒。

例 8：治好脂肪肝

陳冠華，男，現年 61 歲，水電部科技情報研究所高級工程師。

我 1981 年練這套拳法以前，雖已練氣功十多年，但小周天似通非通，對大周天不敢輕試，全身得氣的狀態只偶而出現，自 1981 年練王培生老師所教氣功和三十七式太極拳後，大小周天很快就通了，而且較常能進入較高級的氣功態——虛無態。隨著功法的提高，我的身體大有好轉。我肝區疼痛二十多年，時隱時現，1980 年經超聲波檢查，診斷為脂肪肝，吃了 100 多劑中藥，未能治好，西醫更表示無法治好。而練這套拳法，把脂肪肝治好了。1984 年超音波檢查結果已看不出異常症狀，自覺肝區疼痛也消失了。而 1981—1984 年期間，我並未採取拳法以外的其他任何治療脂肪肝的措施。

例 9：治好癔病、胃病和冠心病

文升蘭，女，49 歲，在地質礦產部會議樓工作。

1966 年以前，我渾身疼痛了幾年，但查不出原因。1966 年 3 月，我病情加重，哭鬧不止，喜怒無常，經北醫三院診斷為癔病。西醫和中醫治療多年，均未治好；後又發生冠心病血壓升高，心絞痛時而出現；再加上老胃病

復發，使我幾度病危，送醫院搶救。我有時突然暈倒，脈搏微弱，有時心跳間歇頻繁。那時，我身體極度虛弱。夏天還要穿一條棉褲和二條毛褲和棉鞋，而且同房屋的人都不能扇扇子，我更不能扇扇子，否則就感到骨頭疼。那時，我稍受驚嚇，兩腿就發麻，不能行走。

1982 年以後我學練了王培生老師所教的三十七式太極拳，堅持鍛鍊，病情便日見好轉，身體逐漸康復。現在，我的癔病已治好，心絞疼已久未出現，而三十年的老胃病也不見再犯了。身體健康了，夏天不必穿棉褲、毛褲和棉鞋，熱時，自己能扇扇子了。我常說：「過去我是重病人。氣功太極拳救了我。我是個從死神手中逃脫出來的人。」

例 10：治好肝炎

張錫修，男，現年 52 歲，在北京核儀器廠工作。

我於 1983 年患肝炎，轉氨酶高達 495（正常為 160 以下）。那時，除了適當休息和吃些保肝藥物外，我練了王培生老師所教的鬆靜功和三十七式太極拳。練功和打拳時，我的意念多放在無名指尖上。一個月後復查，我的轉氨酶降到 66，其他肝功能指標也正常。大夫當時也感到驚奇，說：「好的真快！」

例 11：治好冠心病和便秘

張淑筠，女，61 歲，北京外國語學院幹部。

我原患冠心病，時有期前收縮和心絞痛。另外，我便秘較嚴重。我從 1981 年練王培生老師所教這套氣功和

三十七式太極拳後，這兩種病都逐漸好轉。現在，我期前收縮和心絞痛已很久不發生，大便也正常了。

例 12：治好健忘症和虛胖

彭文章，男，現年 53 歲，地質礦產部辦公廳秘書處秘書。

我原患健忘症，開會作記錄時，熟人的名字也記不下來，文件也不能看。而且睡不好，性急，易發火（過去無此現象）從 1984 年上半年學練王培生老師所教氣功和三十七式太極拳後，療效很好。現在，我能吃能睡，記憶力恢復正常，不但能作記錄和看文件，還能寫文章。同時，我原有的虛胖現象也已消失，變得更結實，走路也更利索。

例 13：練功後變得年輕了

謝善初，男，75 歲，原是北京商人，現居北京西城區東養馬營 30 號。

我原來身體很虛弱，走路老態龍鍾。但從 1983 年起，學練王培生老師所教三十七式太極拳後，變得年輕了。現在，我走路像個小伙子。

例 14：治好乳腺癌手術後的體弱多病

王玉桂：女，49 歲，在人民日報幼兒園工作

我從 40 歲以後身體逐步變壞，患神經衰弱、失眠、高血壓、網球炎、肩周炎、末梢神經炎、神經性偏頭痛。1983 年發現患乳腺癌，次年做切除手術。以後身體老是

感到疲勞、食慾差。白血球只有 3000—4000，血小板 10 萬。渾身虛胖，臉色蒼白。

1986 年 4 月起，跟王培生老師學吳氏太極拳三十七式。半年以後就見大效，渾身輕鬆愉快，吃飯香，睡眠好，什麼病都沒有了。工作也能勝任愉快。未學太極拳前我體重 130 多斤，從今年春節起體重逐漸下降，到今年夏天達 123 斤，和我未生病時一樣。

在鍛鍊的過程中，我渾身有病的地方都重新疼了起來。我堅持不懈，疼的時間越來越短，次數越來越少，以後就完全好了。

除了太極拳以外，我還跟王老師學了坎樁、熊經、日月增輝、神仙臥等。有時上完班以後感到累，一練坎樁就不累了。今年夏天，小周天通了。開始我覺得閉眼時不是一片漆黑，而是眼前有亮光，有時是金光、有時是粉紅或白色，像映電影一樣。

我告訴老師，老師說，這很難得，是靈光。沒過多少天，我覺得肚臍有一團熱氣往上拱，一直拱到胸部。我害怕了，以為是出了偏差。後來問老師，老師不要有意引它。以後這股熱氣往下走到會陰，又到尾閭、命門，到夾脊就消失了。

又過了些日子，熱氣到玉枕，很快就衝到百會，然後又從臉上下來，麻酥酥的，我趕快照老師的指點，用舌頂上腭（搭橋），舌尖都覺得麻，然後熱氣刷地一下就到丹田了，第一次通小周天，轉圈較慢，以後就快了。

我過去吃過許多藥，現在什麼藥都不吃了。

例 15：治好低血壓和關節痛

　　孫鋒，男，66 歲，練功不到一個月，血壓由低上升到正常水平，一年之後胯關節疼痛也消失了。

例 16：緩解癌症病狀的兩個實例

　　徐雪茹，女，46 歲，經過三個月苦練，癌症不但沒有復發，右胯也不疼了，後背也不覺麻木了，自覺氣感增強，氣血流暢。

　　周志，女，66 歲，學功一周，神經根炎病灶消失了，練功三個月後結腸癌術後的麻木、硬、漲痛都消失了。術後在腹部還有許多包塊，現在只剩下一個包塊了。

編 者 後 記

王培生老師從 1986 年 5 月到人民日報社大院，開班教授吳氏簡化太極拳，到現在已一年零八個月了。學員有人民日報和中國日報兩單位的工作人員二、三十人。參加學習的時間有先有後，有的從開班起學到現在，有的不過學了三四個月，但都收到了程度不同的效果。由於嘗到了甜頭，大家學習的積極性越來越高。

王老師講課認真，一招一式，絲毫不苟，可以說是把著手教。太極拳的每一招式有健身祛病的作用，也都有技擊防身的作用，王老師或講解，或示範，盡力幫助我們掌握要領。在學習的過程中，我們越來越體會到太極拳的奧妙無窮和王老師的造詣之深。

有些關鍵精微之處，過去都是秘而不傳，王老師都毫無保留地教給我們。他常說，這些地方往往是一點就破，但是差這一點點就不行，許多東西，他是鑽研琢磨了很長時間才得到的，講出來卻只是幾句話就完了。雖然教了一年多，他每次來講卻必有新東西，使我們驚訝歎服。

太極拳在我國十分普及，但許多人刻苦練習多年，仍未入門，效果雖有，但不明顯，至於得其真傳的更少了。究其故，皆因未得良師指點。我們常想，王老師講的內容如果能寫成書就好了。現在，王老師的這本書將要出版了，我們深信它一定會受到廣大太極拳愛好者的歡迎。

人民日報
中國日報　太極拳學習班

彩色圖解太極武術

定價220元

定價220元

定價220元

定價220元

定價350元

定價350元

定價350元

定價350元

定價350元

定價350元

定價350元

定價350元

定價350元

定價220元

定價220元

定價220元

定價350元

定價220元

定價350元

定價350元

定價220元

定價220元

定價220元

太極武術教學光碟

太極功夫扇
五十二式太極扇
演示：李德印 等
(2VCD)中國

夕陽美太極功夫扇
五十六式太極扇
演示：李德印 等
(2VCD)中國

陳氏太極拳及其技擊法
演示：馬虹(10VCD)中國
陳氏太極拳勁道釋秘
拆拳講勁
演示：馬虹(8DVD)中國
推手技巧及功力訓練
演示：馬虹(4VCD)中國

陳氏太極拳新架一路
演示：陳正雷(1DVD)中國
陳氏太極拳新架二路
演示：陳正雷(1DVD)中國
陳氏太極拳老架一路
演示：陳正雷(1DVD)中國
陳氏太極拳老架二路
演示：陳正雷(1DVD)中國

陳氏太極推手
演示：陳正雷(1DVD)中國
陳氏太極單刀・雙刀
演示：陳正雷(1DVD)中國

郭林新氣功
(8DVD)中國

本公司還有其他武術光碟
歡迎來電詢問或至網站查詢
電話：02-28236031
網址：www.dah-jaan.com.tw

原版教學光碟

歡迎至本公司購買書籍

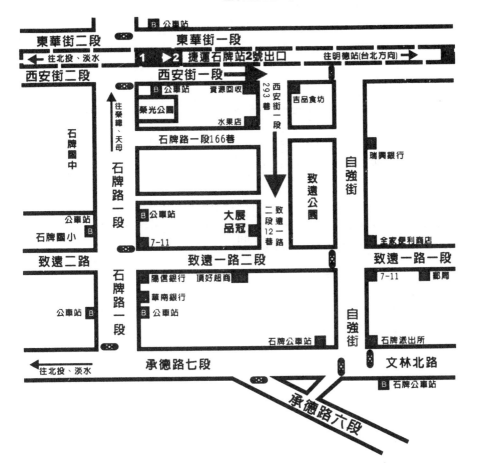

建議路線

1. 搭乘捷運‧公車

　　淡水線石牌站下車，由石牌捷運站２號出口出站(出站後靠右邊)，沿著捷運高架往台北方向走(往明德站方向)，其街名為西安街，約走100公尺(勿超過紅綠燈)，由西安街一段293巷進來(巷口有一公車站牌，站名為自強街口)，本公司位於致遠公園對面。搭公車者購於石牌站(石牌派出所)下車，走進自強街，遇致遠路口左轉，右手邊第一條巷子即為本社位置。

2. 自行開車或騎車

　　由承德路接石牌路，看到陽信銀行右轉，此條即為致遠一路二段，在遇到自強街(紅綠燈)前的巷子(致遠公園)左轉，即可看到本公司招牌。

國家圖書館出版品預行編目資料

太極拳健身與技擊 / 王培生著
－初版－臺北市，大展，1998【民87】
面；21 公分－（武術特輯；19）
ISBN 978-957-557-796-4（平裝）

1. 太極拳
528.972   87000970

太極拳健身與技擊

著　　者／王　培　生
發 行 人／蔡　森　明
出 版 者／大展出版社有限公司
社　　址／台北市北投區（石牌）致遠一路 2 段 12 巷 1 號
電　　話／(02) 28236031・28236033・28233123
傳　　真／(02) 28272069
郵政劃撥／01669551
網　　址／www.dah-jaan.com.tw
E-mail／service@dah-jaan.com.tw
登 記 證／局版臺業字第 2171 號
承 印 者／傳興印刷有限公司
裝　　訂／承安裝訂有限公司
排 版 者／千兵企業有限公司
授 權 者／王培生
初版 1 刷／1998 年（民 87 年）2 月
初版 5 刷／2004 年（民 93 年）9 月　　　　　定價／250 元

大展好書　好書大展
品嘗好書　冠群可期

大展好書　好書大展
品嘗好書　冠群可期